AF227504

PARIS EN FLAMME

ou les JOURNÉES de MAI

PAR W. DE FONVIELLE

BRUXELLES

Au bureau du Petit Journal

26 rue de Louvain

Duverger

PARIS EN FLAMME

OU LES

JOURNÉES DE MAI

1871

Par W. DE FONVIELLE.

Paris est mort. — Vive Paris !
Émile de Girardin (*Liberté*, 1871).

BRUXELLES

AU BUREAU DU PETIT JOURNAL,

26, RUE DE L'ÉCUYER.

—

1871

SOMMAIRE :

Les flammes dans l'histoire. — Sodome et Gomorrhe. — L'Exposition internationale de 1867 et les Internationaux. — Le cheval de Troie. — Les Lazzaroni parisiens et les pétroleuses. — L'Obélisque de Louqsor et les ruines parisiennes. — Le Louvre et la bibliothèque d'Alexandrie. — Paris et Carthage. — Les Vandales par procuration. — Le dossier d'un nouveau Charlemagne. — La colonne Vendôme et la médaille militaire. — La maison de M. de Bismarck et celle de M. Thiers. — Les Prussiens professeurs des communards. — La presse prussienne de Londres. — Spartacus à Paris. — Prêtres, républicains et communards. — Positivistes et Francs-maçons. — Les infâmes. — La vengeance des nègres. — Le nid de mouchards de l'hôtel de ville. — Les catholiques et les Fenians. — La foire aux prétendants. — L'Allemagne au Bagne impérial. — Les communards copistes des plébiscites de l'Empire. — Le clan de Twickenham. — Le solitaire de Chistlehurst. — Robert le Fort. — L'*International* et *la Situation*. — Un nouveau prétendant. — Un petit-fils de Louis XVI. — *Non Possumus*. — Garibaldi à Versailles. — Le peuple ivre et le peuple à jeûn. — La France et la famille Kinck. — Le nouveau droit divin. — Lèpre germanique.

PARIS EN FLAMMES.

Les Flammes dans l'histoire.

En terminant un discours qu'il prononçait, il y a quelques jours, devant l'Assemblée nationale pour annoncer les sinistres vengeances de la Commune, le chef du pouvoir exécutif de la république française a donné un avis solennel non-seulement à l'Assemblée qui l'écoutait, mais encore au peuple lui-même. Il a conjuré ses concitoyens de rester calmes, maîtres d'eux-mêmes en présence d'une explosion imprévue, malgré la destruction de son hôtel de la place Saint-Georges et la démolition de la colonne Vendôme. Qui donc songe encore aujourd'hui à ces belles et patriotiques paroles ? Qui donc se préoccupe de suivre les avis de l'illustre vieillard ? Une poignée de républicains que la réaction courroucée veut balayer du ministère..... Le droit de grâce est arraché à M. Thiers..... le droit de justice reste à peine aux conseils de guerre..... La parole est au parti des implacables, et Paris, crucifié, est partagé entre quatre commandements suprêmes.

Du calme..... où en existe-t-il maintenant dans tes murs, ô cité-reine, que tes malheurs viennent de doter d'une sanglante auréole?..... C'est loin de tes monuments déshonorés qu'il faut expirer à cette heure, si l'on veut rencontrer la paix du tombeau!.... car le Père-Lachaise a servi de sinistre champ de bataille..... et les échos dc la Roquette sont peut-être troublés encore! Si nous n'avions eu la prudence de nous écarter de ce milieu fébrile, nous serions peut-être saisis comme les autres par ces influences funestes, perverses, effrayantes. Il a fallu te fuir essayer de te comprendre.

N'est-il pas permis d'espérer que quelques paroles honnêtes auront la puissance de faire rentrer une paix relative dans quelques cœurs?

Jusqu'à ce jour, tant par nos écrits que par notre propagande personnelle, nous avons repoussé énergiquement toute tentative de conciliation avec des gens égarés, aveuglés et conduits par des traîtres à la république, à la démocratie, à la France. Nous avons le triste mérite d'avoir vu éclater cet épouvantable orage et d'avoir rempli le rôle de Cassandre. Si la clairvoyance dont nous avons fait preuve jusqu'à ce jour peut nous donner quelques titres à la confiance de ces concitoyens, nous les supplions d'écouter notre voix émue, nous les conjurons, s'ils se sentent touchés par nos discours, de joindre leur influence à la nôtre! Jamais les temps n'ont été plus solennels; jamais la France n'a plus eu besoin de se recueillir. Ce qu'il faut aujourd'hui, ce n'est pas de l'érudition, de l'éloquence, mais simplement du cœur. Il faut aimer sa patrie, il faut aimer ceux qui souffrent; il faut avoir pitié même de ceux qui ont obéi à des tentations coupables, à des espérances insensées. La crise est horrible. C'est seulement par la vertu, par l'héroïsme, par le dévouement que la patrie peut sortir de l'effroyable danger. Puissent ces lignes épargner à la France un seul crime, aider à tarir les pleurs d'une mère ou d'une épouse, et nous aurons reçu notre plus belle récompense, la seule qu'il soit permis d'ambitionner dans ces temps sombres.

Les Prussiens, auteurs de tous nos maux, nous contemplent avec une impassibilité sauvage. Leur gouvernement espère que les flammes de Paris, gagnant de proche en proche toutes les intelligences françaises, vont donner le signal d'un incendie moral immense, et que de nouveaux excès vont généraliser la guerre civile et la terreur. La nouvelle de la combustion des Tuileries les a trouvés en pleine discussion de l'annexion de l'Alsace et de la Lorraine. La seule remarque de M. de Bismarck a été la demande de treize mois de dictature. La seule preuve de sensibilité qu'il ait donnée fut de déclarer que l'on pouvait compter sur le paiement des échéances de l'indemnité due par la France! Espérons que M. de Bismarck sera déçu dans ses calculs et que nos hommes d'État trouveront moyen de se soustraire à une obligation léonine, nulle et vide de soi, car au moment où le contrat était signé la France était sous la pression d'un cas de force majeure. La signature extorquée par les brigands de Marathon est aussi valable que celle de l'Assemblée nationale de France.

Il y a dans le contrat bien d'autres causes de nullité

que les pouvoirs français invoqueraient certainement si de nouvelles agitations ne leur enlevaient pas la force morale nécessaire pour faire appel à tous les honnêtes gens du monde.

Le siècle serait déshonoré si on laissait les vrais auteurs de la conflagration de Paris, les inspirateurs des Frankel et des Landek jouir en paix des fruits du crime, si l'or extorqué à la France meurtrie, mutilée servait à alimenter de nouveaux complots, à solder de nouveaux scélérats, à soulever de nouveaux orages. Avec cinq milliards Bismarck peut enrégimenter tous les Vallès et tous les Billorey du monde.

Nous ne dissimulerons aucun des crimes dont les communards se sont rendus coupables et dont il était facile de prévoir l'horreur. Si nous demandons pitié, ce n'est point pour eux, mais pour la France. Dans quel abîme de misères ne serions-nous pas plongés si après cette affreuse terreur rouge il nous fallait subir une horrible terreur blanche; si le spectacle des débauches, de la violence ne nous empêchait de nous montrer violents à notre tour! Non, il n'est pas possible que l'Assemblée ait arraché à la Commune un pouvoir usurpé, pour s'en servir d'une manière qui plaise à la Prusse et qui fasse honte à la France.

Jamais il n'a été aussi nécessaire de voir un peu de pitié descendre du ciel sur la terre! Nos yeux sont baignés de pleurs. Comment voir ce qui se passe autour de nous. Notre main tremblant d'une sainte colère ne saurait atteindre ceux que la justice nous oblige de poursuivre. Ayons recours aux grands calmants que la raison met à la disposition des sages. Fouillons les annales sanglantes du genre humain; remuons la poussière empestée qui

recouvre Ninive et Babylone, Thèbes, Lambessa et Pal-
myre. Nous souffrirons moins, si j'en juge par mon
propre cœur, en songeant que nos infortunes sont loin
d'être une nouveauté dans l'effrayante génération des
choses de l'histoire. La vue des crimes de la Commune
nous rendrait fous, aussi fous que ses complices peut-
être, si nous oublions que d'autres peuples plus puissants que nous ont traversé les mêmes épreuves; si nous
ne nous rappelions que d'autres cités souveraines ont
subi les mêmes flammes, car tous les malheurs se tien-
nent et s'enveniment l'un l'autre. Il y a dans les catastrophes une logique hideuse : « Aux malheureux la
besace, » dit un énergique proverbe populaire.

Notre tâche est rude, car de tous les crimes, les plus
hideux sont certainement les actes de vandalisme. Tous
les peuples sont unanimes dans leur détestation d'un
crime qui dénote une ignorance profonde, des sentiments
vils et bas. Car il ne respectera jamais la vie humaine,
le lâche qui peut éprouver un sentiment de haine assez
violent pour détruire des objets inanimés. Il soufflera
sans pitié sur cette étincelle divine, sur ce feu qu'aucune
main ne rallume... Mais, quoique les actes de destruction
prémédités commis par les communards de 1871, aient
imprimé un caractère odieux à l'insurrection, n'oublions
point que des aspirations généreuses, perverties par des
situations atroces, ont bouleversé bien des intelligences !
Le loup abattu râlant a droit à notre pitié... Réservons
notre haine pour les tigres féroces accroupis dans la
jungle et attendant le moment pour bondir sur leur
proie..... Les vrais coupables, les seuls, serions-nous
tentés de dire, sont ceux qui, mille fois plus incendiaires,
ont allumé la fureur de ces ignorants, de ces barbares, et

qui voudraient asseoir leur trône impur sur ces ruines fumantes. Ce sont ces scélérats qui, dans la boue ensanglantée, ramasseraient une couronne humide de larmes de rage. Que Milton, le grand républicain, les avait bien dépeints dans les vers sublimes où il chante l'assassinat de la Commonnealth, la destruction des libertés publiques par les scélérats complices de Monck, par les traîtres vendus à Charles II d'Angleterre ! Que Shelley les a stigmatisés avec éloquence ! Que Tacite les a flétris quand il a dit avec son laconisme sublime :

Omnia serviliter pro dominatione.

Ce qu'il y a d'étrange dans ces catastrophes de la dernière heure, c'est que les atrocités sont venues au moment où la défaite était certaine. On aurait dit que les révoltés s'étaient donné la mission de rendre leur position pire au moment de tomber dans les mains de leurs adversaires. On eût dit qu'ils auraient redouté moins la clémence des Versaillais que leur victoire. Tant de perversité n'entre point dans l'esprit des malheureux qui ont payé de leur vie une aveugle, criminelle obéissance. Les gens qui poussaient le peuple à ces actions hideuses espéraient se sauver de l'hôtel de ville, à part quelques fous qui n'étaient point dans le secret de la conspiration impériale et prussienne. Les fauteurs de ces massacres savaient bien qu'ils ne jouaient leur tête qu'avec des cartes bizeautées par M. de Bismarck. Ces crimes prémédités pour rendre toute amnistie impossible ont en partie réussi, puisque M. Thiers a dû renoncer au droit de grâce. Dieu veuille qu'ils ne réussissent point tout à fait et que le droit de grâce ne tombe point entre les mains d'une commission de Laubardemont parlementaires.

Sodome et Gomorrhe

Je vois d'ici bien des rêveurs, bien des prédicateurs qui diront dévotement que l'incendie de Paris est le châtiment de l'impitié des Parisiens; les dévots personnages mettront tout sur le compte de Dieu, ils oublieront Napoléon et le roi de Prusse, ces deux sombres ministres de l'ange exterminateur. Il est commode de dire que les incendiaires, qui ont dévasté les rues de la grande ville, sont les instruments inconscients de la vengeance divine, car si Dieu se trompe, il n'est point susceptible d'être poursuivi par notre revendication. Tout profite aux féodaux dans notre naufrage. L'incendie de Paris peut arrêter le puissant mouvement d'émancipation populaire. La République universelle, dont le nom a été habilement mélangé à ces horreurs, sera flétrie comme un sinistre mensonge, et la féodalité raffermie fera le bonheur de l'Allemagne, puis du monde.

Comment serions-nous assez impies pour douter de la réalité des vengeances divines? Est-ce que la Genèse ne nous apprend point avec d'assez longs détails comment Dieu s'y prit pour punir Sodome et Gomorrhe? Si notre traitement doit être aussi rigoureux, nous sommes loin d'avoir éprouvé nos dernières douleurs. De nouveaux combats surgiront de ces cendres encore récentes. Les catastrophes de demain feront oublier celles d'aujourd'hui, de la même manière que celles d'aujourd'hui ont fait oublier celles d'hier.

Le meurtre des archevêques, le supplice de Louis XVI,

la destruction de la monarchie des Bourbons, les excès de quatre révolutions, les impiétés de Voltaire et Diderot, tout se trouve à la fois vengé ! Voilà la justice du ciel qui descend sur la terre à la voix du pieux Pontife et du vieux roi protestant. Tremblez, nations insoumises, qui méditiez de suivre la France dans les voies de la perdition ! Que Victor-Emmanuel, converti par les flammes de Lutèce, évite celles du purgatoire et s'incline enfin devant les canons du concile du Vatican !

Halte-là, dévots ! dans votre enthousiasme vous oubliez de lire le récit de la Genèse. Si Dieu a frappé Sodome et Gomorrhe, c'est que les anges qu'il y avait envoyés n'y avaient pu découvrir le petit nombre d'innocents qu'il, avait marqués à Abraham comme suffisant pour racheter la cité condamnée. Quoique Paris ait été bien corrompu, sans doute aux yeux de la foi, il y reste probablement une poignée de justes qui n'ont point eu le temps de s'en tirer, et dont la plupart peut-être ont été saisis comme otages par les insurgés. N'était-ce point une raison qui devait paraître suffisante pour épargner Paris ? Si l'Éternel crut devoir frapper les deux villes coupables, ce ne fut point sans avoir ordonné à ses anges de faire émigrer Lot et sa famille.

L'Exposition internationale de 1867 et les Internationaux.

Je me rappelle la bonne foi effrayante avec laquelle le peuple de Paris admirait les pacifiques manifestations de l'Exposition internationale. Les plus républicains voyaient avec bonheur arriver les souverains à cette fête de l'humanité, du travail. Il n'y avait que le Czar à qui l'on n'avait pu pardonner l'assassinat de la Pologne, cette nation martyre pour laquelle la France a toujours eu une sympathie mystérieuse. Chacun croyait à une ère indéfinie de progrès pacifique. On regardait en souriant les mitrailleuses. Le canon Krupp avait une place d'honneur; on l'aurait volontiers couronné de fleurs. J'ai été vertement réprimandé pour avoir osé écrire que ce monstre d'acier déshonorait la fête du travail, que produire un instrument de destruction n'était point produire. Pourquoi n'avait-on point exposé les instruments de supplice, de torture? Pourquoi n'y avait-il point une section pour les moyens d'abrutir le peuple, m'écriai-je, inutilement hélas? elle serait moins hideuse.

C'est à cette grande solennité qu'il faut attribuer une partie des illusions populaires, de ces illusions causes directes de nos malheurs, car ce n'était pas du bout des lèvres que les prolétaires parisiens chantaient alors la fraternité universelle.

Pauvre Paris! qui aurait dit qu'une bande de hurleurs payés par la police irait bientôt crier : « À Berlin! à Berlin! » sur tous les boulevards! que ces mêmes bandits, après avoir massacré de prétendus espions prussiens, mettraient le feu à tes édifices privés et publics au nom de la fraternité de tous les peuples!

Il y avait, il y a quelques années, à Paris, un mouvement généreux, un peu mélangé d'orgueil, car les Parisiens se croyaient de bonne foi le premier peuple du monde; mais l'erreur provenait d'une illusion si innocente. Qui aurait pu croire qu'il fut nécessaire de la dé-

truire pour le salut de Paris et peut-être de la France?
Qui aurait pu se douter qu'il viendrait un moment où
Paris libre voudrait dire Paris dans les flammes?

Heureusement, il y a dans notre vieille mythologie
gauloise un symbole gracieux que les Druides emprun-
tèrent, dit-on, aux Egyptiens. N'est-ce pas le cas de
penser au Phénix qui, comme le disent les poëtes, re-
naît de ses cendres? Si Paris est réellement digne de sa
gloire passée, Paris triomphera d'injustes revers, des
blessures infligées par des conspirateurs étrangers, instruments d'un despote ennemi et d'un prétendant qui
n'avait de français que le nom..... et encore!

Ce qui perdit le mouvement international, c'est que
Bonaparte parvint à se mettre pour ainsi dire à sa tête,
quoiqu'il nourrît en même temps des projets de conquête
et qu'il cultivât simultanément le principe des nationa-
lités! Mais il mettait sa gloire à concilier les termes con-
tradictoires, la souveraineté nationale et le droit divin,
la dictature et la liberté. S'il eût été géomètre, il aurait
cherché les propriétés du cercle carré et du plan sphé-
rique.

Qui n'a entendu parler des comités ouvriers envoyés à
l'exposition de South Kensington, il y a une dizaine d'années? Ces délégations n'avaient été qu'un premier essai
qui avait réussi à créer un dérivatif au courant républicain, à jeter la discorde dans le camp des irréconcilia-
bles. L'essai ayant réussi, Bonaparte avait augmenté le
nombre de ses agents, et la correspondance secrète de
l'empire fournit à cet égard plus d'une preuve irrécusable. Il s'en trouvait bien d'autres dans les archives de
la police, que les internationaux du 18 mars se sont em-
pressés de livrer aux flammes. Sur le terrain des sociétés

ouvrières, Bonaparte rencontrait Mazzini, mais cette rencontre n'était pas de nature à lui faire peur, puisqu'il avait été dans sa jeunesse carbonaro. Il n'est point à s'étonner qu'il ait fait de l'internationale avec M. de Bismarck, pour lequel il n'y avait point de secret dans l'empire ; car, grâce aux épanchements de Biarritz, M. le conseiller pouvait être considéré comme un des confidents de l'Empereur. Bonaparte n'avait pas non plus peur des candidatures ouvrières, car les premiers candidats ouvriers furent accusés, non sans prétexte plausible, d'être les agents d'une partie de sa famille.

L'idée internationale devait évidemment être très-populaire dans une ville cosmopolite où elle était pour ainsi dire née et où elle avait sucé le lait de la révolution. En effet, la Convention nationale n'avait-elle point tenu à honneur de posséder à la fois dans son sein l'Anglais Payne et l'Allemand Clootz, lequel se faisait appeler citoyen du genre humain et l'était peut-être ? Aucune étiquette n'était plus habilement choisie pour cacher des complots dans lesquels l'étranger avait la main. Le peuple n'avait point été assez habile pour y reconnaître la main de l'Empereur ; c'était une garantie sur laquelle le prince de Bismarck pouvait compter ; rien ne l'empêchait d'opérer à coup sûr. Mais l'abus odieux fait de cette idée féconde ne doit point nous empêcher d'en faire un légitime usage. Oserait-on conseiller à un homme de renoncer à se servir des revolvers pour se défendre, sous prétexte que sans les revolvers un nombre infini de meurtres n'auraient pu être commis ? Au contraire, ces sinistres doivent surexciter notre zèle, car la force est prouvée par l'abus même, mieux encore peut-être que par l'emploi sage. Ce qu'il faut faire, c'est d'apprendre l'usage de ces principes puissants qui peuvent faire plus facilement le salut et la gloire. N'est-ce point dans la politique comme dans la médecine, où les poisons énergiques sont presque toujours les médicaments suprêmes ?

Le cheval de Troie.

—

J'ai bien des fois admiré, dans le jardin des Tuileries, la statue de Laocoon, superbe bronze qui nous montre le vieillard enveloppé dans les anneaux écailleux du serpent. Qui m'eût dit que Laocoon allait bientôt être un symbole. Neptune le punit de sa clairvoyance ! Les serpents l'étouffent parce qu'il a lancé sa flèche contre les flancs de la machine dans laquelle se trouvaient cachés Ulysse et Diomedas. Est-ce que la doctrine internationale n'a point été le cheval de Troie à l'aide duquel les Prussiens se sont introduits au sein de la démocratie française ? Laocoon et ses fils ont été étouffés par des calomniateurs. Leur voix a été réduite au silence à l'aide de stupides clameurs. La raison du peuple a été troublée à l'aide de théories stupéfiantes.

Les agents secrets de Bonaparte sont parvenus à se glisser au milieu des républicains pendant toute la durée de son règne. L'œuvre du mouchard étranger était beaucoup plus simple. Des gens honnêtes pouvaient être utiles au roi de Prusse et ne pas s'imaginer qu'ils trahissaient la France. On croyait que l'argent venait de quelque philanthrope étranger, ou même de quelque société ouvrière. Quand il fallut envoyer des fonds pour donner du corps à la scélérate révolution du 18 mars, Bismark fit venir ses millions par Londres. Il trouva facilement des complaisants qui déclarèrent que c'était un cadeau des sociétés oùvrières. Les délégués de la garde nationale acceptèrent le présent de leurs frères d'Angleterre.

On ne regarde point à cheval donné, dit un proverbe malheureusement trop vrai, quand il s'agit d'argent mis à la disposition de conspirateurs peu éclairés, fort ambitieux, fort impatients de parvenir.

Les faits que j'annonce seront établis par l'instruction d'une façon irrécusable, et l'opinion publique est déjà formée à cet égard. Il n'y a que les lieux, les sommes, les moyens et les agents qui n'aient point encore été déterminés et qui le seront certainement avec les plus amples détails.

Les agents judiciaires du gouvernement français savent tous en ce moment que l'argent est venu d'Angleterre. On a cru pendant quelque temps à la culpabilité des ouvriers anglais. Mais on n'a point tardé à apprendre qu'ils ne peuvent donner des millions, par la meilleure de toutes les raisons possibles, celle qui dispense de donner toutes les autres, parce qu'ils ne les ont jamais eus, parce qu'ils ne les auront jamais.

Enfin s'ils les avaient ils sauraient en faire chez eux un meilleur usage. Cependant il faut dire que les agents prussiens et bonapartistes avaient entretenu chez ces hommes honnêtes et crédules une véritable admiration pour la Commune. Il a fallu la série des crimes internationaux pour leur faire comprendre qu'ils avaient affaire à des singes de Watt-Tyler et à de faux Artevelde. Grâce aux feuilles dévouées à la Prusse, les chefs com-

munards étaient devenus rapidement populaires. Ces
étranges mouvements d'opinion sont un symptôme dont
les hommes d'État anglais feront sagement de profiter,
s'ils veulent épargner à leur pays des scènes analogues à
celles qui l'ont ensanglanté du temps des Tudor. Pour
arracher les classes ouvrières à l'influence de l'Allemagne,
il n'y a aujourd'hui qu'une seule ressource, qu'un seul
remède : il faut que les libéraux se résignent à se montrer
sympathiques, justes envers la France. Mais, supportés par
une reine prussienne de cœur, le cabinet de M. Gladstone
se préoccupe médiocrement des grands intérêts nationaux d'un pays que la Prusse médite d'envahir. L'intérêt
dynastique, qui, est tout pour les rois est tout aussi
pour leurs ministres, quand leurs ministres gouvernent
uniquement par leur bon plaisir. Que fait à M. Gladstone
que la Grande-Bretagne devienne la proie d'une nouvelle invasion, pourvu qu'il plaise à Windsor ? Mais
l'opinion britannique s'alarme et je doute que ce rival de
M. Ollivier garde assez longtemps ce précieux porte-
feuille, pour s'immortaliser par la chute de la monarchie
anglaise.

Bien des gens se demandent si le siècle qui a déjà
contemplé tant de catastrophes ne tient point en réserve
quelque future bataille d'Hastings ! Est-ce que Guillaume,
le premier empereur d'Allemagne, ne sentira pas bientôt
bouillonner sous son casque l'ambition d'imiter son ho-
monyme, le conquérant de l'Angleterre.

Si le détroit était franchi, par malheur, l'Allemagne
trouverait sa route éclairée par une nuée d'espions qui
abuseraient infailliblement de l'hospitalité britannique,
comme ils ont déjà abusé de la nôtre, et qui guideraient
les uhlans sur toutes les grandes routes d'Angleterre.

Les Germains se croient si sûrs de l'avenir, qu'ils ne se gênent plus guère en ce moment, même aux États-Unis, où la *Gazette de Cologne* du 26 mars nous annonce qu'ils viennent de jeter les bases d'une *association nationale*. Que nos frères d'Amérique veillent au salut de leur république compromise par une race servile qui a dans l'âme tous les vices des nations immondes.

C'est ainsi que les Germains procèdent depuis le temps où ils ont inondé le sol de l'antique Rome; ils se présentent en mercenaires et se déclarent bientôt maîtres du sol. Quand les temps sont venus, ils pillent la ville où ils sont entrés en qualité de balayeurs. Aucune fonction n'est assez humble pour les rebuter, aucun affront ne les chasse. Ils savent se venger en accaparant des provinces, en confisquant le sol, en imposant leur langue, en propageant leur hypocrisie, leur choucroute et leur bière de Bavière. Le sentiment moral leur manque de la façon la plus hideuse. Des commis allemands de la maison Hachette avaient quitté leur place pour s'acquitter du service militaire dans l'armée assiégeante. Lorsque la capitulation de Paris fut conclue, ils firent partie de la brigade cantonée au Mont-Valérien. Croit-on qu'ils eurent l'audace de redemander leur ancienne place par lettres datées de cette garnison? M. Templier, directeur de la maison, dédaigna de répondre à ces grossières avances. Mais l'anecdote montre combien il y a dans la race germanique de Sidons, artificieux hâbleurs prêts à faire entrer un cheval de Troie dans toutes les places fortes du monde.

Les Américains ont remarqué que les Chinois venaient envahir la Californie, avilir le travail, démoraliser les populations. Ils ont adopté des lois restrictives contre cette invasion du prolétariat de l'Orient. Qu'ils prennent garde. L'ennemi le plus dangereux ne vient-il pas de l'Europe? N'est-ce point l'Allemagne qui est une Chine bien plus dangereuse que l'autre. Dans un siècle peut-être les Chinois d'Allemagne diront qu'ils sont chez eux et traiteront les Yankées en esclaves. Un savant docteur de Berlin prouvera que les Allemands ont découvert l'Amérique et que Christophe Colomb n'était qu'un plagiaire.

Est-ce que l'influence allemande toute-puissante en temps d'élection n'a point horriblement pesé déjà sur le président Grant. Si Grant avait été libre de suivre ses inspirations, s'il n'avait senti l'irrésistible influence des confédérations teutones, est-ce qu'il aurait prostitué sa magistrature républicaine en félicitant l'empereur Guillaume, le monarque qui, dans notre siècle éclairé, humain, n'a point craint de ressusciter le droit de conquête, et qui croit qu'il pourra le *réhabiliter!* Aurait-il oublié la patrie de Lafayette pour la patrie des mercenaires que les princes de Hesse et autres hobereaux allemands vendaient à leur cousin le roi Georges, électeur de Hanovre! Cette dégradation des États-Unis est un triste symptôme. Un jour viendra où les étrangers, usurpant le droit de cité, voudront peut-être un empereur de race germaine de l'autre côté de l'Atlantique. Tant que les voleurs d'État, les routiers couronnés détroussent les peuples civilisés, il faut que les nations libres s'arment de lois restrictives. Il faut interdire l'exportation des royalistes de race, nourris dans le respect de la féodalité, ingnobles instruments de l'ambition des Bismarck et des Guillaume. Le 18 mars est hideux, soit... Mais le 18 juin, jour du triomphe de Guillaume est bien autrement infâme. Je préfère Paris en flammes, à Berlin en honte!

Les Lazzaroni parisiens et les pétroleuses.

—

Les procès en cour martiale prouveront que les chefs de l'insurrection n'appartenaient pas plus à l'opinion républicaine que Tartuffe et Rodin ne représentent la religion catholique. Mais il ne sera peut-être pas inutile de rappeler que la royauté légitime doit être considérée comme responsable de l'événement qui offre le plus de rapport avec la catastrophe de Paris.

Lorsque Championnet parut devant Naples en 1794, le roi s'empressa de se réfugier en Sicile sous la protection des canons anglais, quoique la population entière fût armée pour la défense du trône et de l'autel, et que la lutte semblât devoir être très-longue. Cette désertion, qui eut lieu malgré les représentations de la bourgeoisie et les larmes du peuple, priva l'armée napolitaine d'une confiance indispensable et de ressources matérielles très-sérieuses. Le peuple rendu soupçonneux devint méfiant et cria à la trahison. Des libéraux suspects de connivence avec les républicains furent massacrés sans pitié, par des bandits fanatiques du trône. Admirablement commandée, soutenue par un enthousiasme réfléchi, sans lequel il n'y a point de grandes choses, mais avec lequel il n'y a point non plus de difficultés dont on ne triomphe, l'armée française était irrésistible comme une avalanche. Il fallut capituler avec l'envahisseur; mais les Lazzaroni, qui avaient en main les armes qu'on leur avait confiées pour la défense de l'État, refusèrent de les rendre. Ils déclarèrent qu'ils ne reconnaîtraient jamais la reddition, et ils attaquèrent les Français avec la plus horrible fureur. Championnet ne vint à bout de les vaincre qu'après en avoir fait un horrible carnage. Leurs cadavres restèrent dans les rues, aux pieds des barricades, pendant plusieurs jours sans qu'on eût le temps de les ensevelir. Ils y étaient encore lors de l'entrée des troupes françaises. Jamais rues d'une ville ne furent si horriblement jonchées de cadavres.

Mais le dernier acte de cette tragédie montre combien il est quelquefois facile de triompher de ces grandes fureurs populaires. Ils devinrent rapidement des républicains ardents, aussi ardents qu'ils avaient été royalistes frénétiques. Il suffit que l'on donnât à leur chef de brillants uniformes, aussi galonnés que celui du général Bergeret, et que l'on fît liquéfier le sang de saint Janvier. Véritables enfants, ces prolétaires ignorants changèrent l'objet de leurs plus sombres fureurs. Il y aurait injustice à ne point leur accorder le bénéfice des circonstances atténuantes au moins dans l'histoire. Les ouvriers de Paris ont été hallucinés par des circonstances étranges qui les ont fait tomber au niveau des vagabonds napolitains, mais cette décadence n'est que temporaire. Le siége les avait rendus tous vagabonds en suspendant tous les moyens de production. Ils entrevoyaient un avenir épouvantable ; le gouffre de la misère semblait s'ouvrir béant devant eux. Ils ont cru dans la commune comme un malade condamné a foi dans un somnambule.

Tout travail quelconque étant suspendu dans la cité, il fallait à tout prix prendre l'argent communal, sous peine de mourir de faim. Le prolétaire était donc obligé de s'enrôler dans les rangs des fédérés. Une fois incorporé, il devait obéir, sous peine de mort. La Parisien était devenu chez lui esclave de l'étranger, qui, complice de l'ennemi, avait usurpé les premiers rangs, et cela sous prétexte de liberté municipale. Qu'aurait-il été faire à Versailles, où il était accueilli avec suspicion; où il ne voyait que des ennemis, des royalistes; puis on l'aurait accusé d'être lâche de s'enfuir. Puis comment franchir les portes gardées par une police soupçonneuse? Comment protéger les femmes et les enfants? Comment se résoudre à les laisser en otage dans les mains de monstres que d'instinct on sentait coupables des plus grands crimes?

Il n'est point inopportun de remarquer également que beaucoup de personnages néfastes qui ont joué un triste rôle dans ces affaires seraient complétement inconnus à l'heure actuelle, si l'empire n'avait obstrué toutes les voies légitimes de l'activité sociale et paralysé le développement intellectuel de la nation. On peut dire que nos célébrités politiques sentent toutes plus ou moins le *renfermé*, ce qui n'est point étonnant, après une horrible dictature de dix-huit ans. C'est ainsi que dans les lieux obscurs où l'air ne pénètre jamais on voit se développer des végétations vénéneuses empestées.

Les médecins ont constaté un grand nombre d'hallucinations, de cas de folie après les grandes crises révolutionnaires, après les guerres, même chez les populations moins impressionnables que les habitants des grandes villes. La civilisation moderne a ses charges, ses inconvénients naturels, inévitables dont les hommes d'État doivent tenir compte. Bien des malheureux auraient besoin d'avoir des douches, et l'on se propose de traiter leurs maladies avec du plomb. Le grand nombre de femmes compromises est le symptôme funeste d'un état pathologique qui explique tous les malentendus. Que d'espérances déçues ! que d'existences brisées ! que de sinistres pour que les Rostopchine de la commune aient pu recruter leurs pétroleuses. De 1867 à 1871, quatre années seulement se sont écoulées, quatre années douloureuses qui ont laissé des empreintes funèbres dans toutes les intelligences. L'empereur a fui comme un caissier infidèle réduisant son patron à la misère, au déshonneur... Et le peuple est devenu fou comme le millionnaire s'endormant heureux pour se réveiller en banqueroute frauduleuse. Au nom de l'humanité, songeons à ce qu'était Paris et à ce qu'il est devenu ! Songeons aux piéges, aux embûches de toute nature dans lesquels sont tombés des hommes de cœur ! Hélas ! les plus aimants sont peut-être devenus en apparence les plus pervers.

L'Obélisque de Louqsor et les ruines parisiennes.

—

Paris n'est pas la première capitale qui ait été volontairement abandonnée par son gouvernement. Les exemples de ces désertions abondent dans l'histoire. Moscou et Rome éprouvèrent le même sort. Moscou, quand un empereur intelligent voulut civiliser des Barbares ; Rome, quand un César chrétien voulut s'écarter du Capitole pour régner plus à son aise. Il en fut de même dans l'ancienne Égypte, après l'invasion des Hyksos, lorsque les traditions nationales modifiées par les malheurs publics purent de nouveau être suivies par les Pharaons. Mais ni le second empire romain ni le second empire égyptien n'eurent la force et la vigueur du premier. Quant à la Russie de Saint-Pétersbourg, ce n'est qu'une colonie allemande. Il faudrait un miracle pour que l'abandon de Paris n'achevât pas d'ébranler la puissance française. Que disons-nous, ce qui n'était que folie avant le 18 mars, serait aujourd'hui trahison infâme. Si l'on persistait ce serait à croire que Bismarck est représenté à l'assemblée de Verveilles comme il l'était à la commune de Paris.

En revenant à Paris, après des hésitations malheureuses, l'Assemblée rendra de nouvelles forces à la nationalité française. Si les incendies qui ont désolé nos rues ont le pouvoir de la tirer de Versailles, nous aurons le droit de dire que nos affreux malheurs nous auront servi à quelque chose. Cet obélisque mystérieux, énigmatique, qui a été le témoin des derniers combats, nous donne une leçon de haute politique patriotique. D'où vient-il, en effet? Du palais des anciens Pharaons, de cette Thèbes antique qui sut se révolter contre les Ptolémées et que Ptolémée Lathyre fit piller par les mercenaires grecs constituant son armée. Mais l'empire des Lagides fut-il sauvé par cette exécution monarchique? La fille de Lathyre fut Cléopâtre, et Caton méprisait tellement son fils qu'il lui donnait, tout roi qu'il était, ses audiences dans un cabinet d'aisance! Devons-nous négliger ces enseignements mystérieux de la pierre rouge qui a vu les révoltes de Thèbes contre les lieutenants d'Auguste et contre les lieutenants des caliphes? Ne faut-il point éviter à notre

nation ces grandes catastrophes ? S'il faut périr, sachons
nour résigner à l'inflexible destin, mais ne provoquons
pas d'horribles malheurs en affaiblissant le lien national,
en nous séparant des édifices qui nous restent et qui,
mutilés par des mains barbares, n'en seront que plus
chers. Ces ruines environnées de jardins d'inscription,
seront de sûrs garants de notre future vengeance com-
plète glorieuse. Si nous les réparons un jour que ce ne
soit qu'avec de l'or prussien.

Il faut que le mot de « Commune » réveille des idées
bien justes pour qu'il ait pu servir à cacher tant de scélératesse. C'est ce que se sont dit sans doute les Césars
romains en voyant les tumultes de la plèbe chrétienne,
les martyres de leurs vierges et de leurs confesseurs. Au
fond de ces déclamations brûlantes et de ces sophismes
débités de mauvaise foi, il y avait des griefs sérieux, des
appréhensions légitimes. Sans cela, même avec l'aide de
Bonaparte et de Bismarck, des scélérats ne seraient point
arrivés à soulever un peuple intelligent et brave.

De quelles forces ne disposerait point une assemblée
souveraine qui voudrait utiliser tous ces bons vouloirs,
toutes ses aspirations gaspillées par la Commune, et qui,
sans avoir recours à la violence, tiendrait à cœur de faire
valoir les droits sacrés du travailleur aussi bien que ceux
du propriétaire? Pourquoi laisserait-on toujours la liberté,
l'égalité et la fraternité aux mains d'empiriques et de
sectaires? car on aura beau faire, on n'empêchera point
que ces nobles mots ne fassent vibrer tous les cœurs.

Le Louvre et la bibliothèque d'Alexandrie.

Pendant de longues années le Louvre et les Tuileries ont été des bâtiments isolés. L'idée de leur réunion n'a germé que petit à petit comme un problème architectural imposé au patriotisme des architectes par les développements inattendus de la capitale. Ils se seraient bien donné garde de s'imposer de propos délibéré ce problème. L'ensemble de ces deux vastes édifices laissait beaucoup à désirer. Les Tuileries surtout étaient bâties de pièces et de morceaux, et l'on n'avait même pas pris la peine de dissimuler la diversité des origines. La vraie perle architecturale était le bâtiment du centre construit par Philibert Delorme. Les flammes ont impitoyablement dévoré ce gracieux pavillon que l'on avait affublé d'un toit gigantesque, comme si l'on avait tenu à lui faire porter la livrée de l'ignorance. Mais, sauf cette partie centrale, le reste n'avait qu'une valeur artistique médiocre. Somme toute, on pourra se consoler de cette perte, grâce à la résistance offerte aux flammes par le pavillon de Flore. Le pavillon de Marsan, de construction peu intelligente, assez lourde, a pu être sacrifié sans grand dommage. Ce qui reste du palais pourra être utilisé de manière à présenter un aspect satisfaisant. Un nouveau problème architectural s'impose ; les excès des communards ne dépasseront point sans doute la science de nos architectes. Sans être obligés de reconstruire les tronçons dévorés, ils trouveront sans doute moyen de mettre l'ensemble des deux palais à la hauteur de nos besoins modernes. Le moyen de bien punir ces Vandales, c'est non point de les fusiller, mais de faire que leur crime soit utile à la splendeur de la ville qu'ils ont voulu rendre à jamais inhabitable. Les journaux de Versailles donnent la liste funèbre des monuments en tout ou en partie disparus. L'énumération est effrayante. Le Palais de Justice, autrefois incendié par une étoile filante, ne pouvait échapper, puisqu'il contenait le livre des sommiers judiciaires, le grand-livre de la dette morale que les scélérats doivent à la France. L'hôtel de ville, déjà dévoré par tant d'incendies et de révolutions, a disparu pour toujours. Les Cabochiens ont été dépassés par les élèves de Pyat, de Ferré et de Delescluzes ! La Légion d'honneur, le Conseil d'État, le Grenier d'abondance, les Gobelins ont été frappés par des scélérats ; si l'Institut, le Panthéon, le Museum, la Bibliothèque ont échappé, c'est que la rage de la commune a été mal servie ou déjouée par de nobles dévoucments, ou par l'arrivée rapide des troupes républicaines. Peu nous importe, regardons en face la catastrophe, nous ne tarderons point à découvrir le remède.

Si l'incendie de la Bibliothèque d'Alexandrie a été irréparable, c'est que l'Égypte avait perdu son indépendance nationale, c'est qu'elle était une ruine se survivant à elle-même à l'aide de la transfusion d'une civilisation étrangère. La France n'est point encore descendue aussi bas, et l'incendie dont les trésors du Louvre ont été menacés ne doit que surexciter notre ardeur. Dussent-ils être détruits, que nous ne devrions point désespérer d'arriver en quelques siècles à réparer la lacune. C'est à partir d'aujourd'hui que notre sort va se fixer. Si nous faisons encore un pas vers l'abîme, nous descendons plus bas que l'Espagne et le Portugal, si nous nous cramponnons à la République, nous dominerons la Prusse infâme de toute la hauteur de notre revendication permanente. Être ou n'être pas, voilà la terrible question Shakespearienne dosée par les flammes de Paris.

En 1666, la ville de Londres fut dévorée par un incendie dont nous aurons à parler plus tard. Cet incendie, comme ceux de Paris, fut allumé par la malveillance. Les désastres furent plus grands que ne le furent ceux qui nous frappent, plus grands, si nous comparons surtout ce qu'était Londres il y a deux siècles à ce qu'est Londres actuellement. Cependant Londres ne perdit pas courage, Londres resta libre et Londres sortit plus brillant, plus régulier de ses flammes !

Nous sommes perdus comme nation, comme hommes même, si nous ne nous lançons dans de grandes entreprises nationales, si nous ne saisissons cette occasion malheureuse pour en faire sortir la régénération de la France. Les dépenses nécessitées par la réparation matérielle sont immenses. Elles ne seront qu'une mise de fonds, si nous sommes assez habiles pour les rendre productives. Il est indispensable que nous retrouvions l'énergie des peuples jeunes du nouveau continent. Il faut avoir l'activité dévorante des Yankees, ces grands producteurs. Comment aurions-nous cette énergie, si nous n'apportions tous dans l'œuvre commune une commune ardeur, une commune confiance? Tâchons que ces flammes impures dévorent une partie de nos haines. Ce n'est pas le despotisme qui pourrait jamais guérir les maux que le despotisme a faits en si peu d'années. La leçon est dure, effrayante. Faut-il qu'elle soit perdue pour recommencer plus terrible quelques années, quelques mois plus tard? Les flammes de 1871 ont épargné une portion de nos palais nationaux. En serait-il de même des flammes de l'avenir?

La France est malade, mais croit-on qu'on la guérira en lui mettant une camisole de force et en la mettant sous la garde d'une monarchie quelconque?

Paris et Carthage.

—

Ce sinistre événement, tant de fois raconté, s'impose pour ainsi dire à notre mémoire. Cette ville de près de huit cent mille habitants s'était défendue avec le courage du désespoir. Quoique épuisés par la famine, les citoyens n'avaient rien perdu de leur énergie sauvage. Ils comptaient sur leur général qui avait juré de vaincre ou de mourir et qui avait fait massacrer les prisonniers romains pour se donner du courage. Les Carthaginois avaient construit des vaisseaux avec les charpentes de leurs maisons démolies et essayé de faire des sorties par des chemins secrets creusés dans le roc. Mille travaux divers furent exécutés, dignes de la patience des Parisiens pendant la période prussienne du siége. Les rues étroites de Carthage furent le théâtre de combats furieux qui durèrent six jours et six nuits, et à l'issue desquels Asdrubal, véritable Vallès, se jeta aux genoux du vainqueur! Rien qui ne soit rappelé dans le siége de Paris, jusqu'à l'acharnement des femmes, à la fureur de l'épouse d'Asdrubal qui, effrayante pétroleuse, jeta ses deux enfants dans les flammes.

Scipion Emilien, le vainqueur de Carthage se sentit profondément touché par un spectacle si épouvantable. Il ne put contempler en silence le spectre effrayant de Byrsa dévoré par un incendie immense. Son précepteur Polybe nous fait la confidence des sentiments du héros romain. En réfléchissant profondément en lui-même que le sort des villes, des peuples, des empires, est soumis à des revers de fortune comme la fortune des simples particuliers, il s'écria :

Et Troie aussi verra sa fatale journée.

Rome attendit longtemps ce jour de deuil, mais il se leva enfin, et Genseric vint porter le fer et le feu dans la ville éternelle.

Faudra-t-il cinq ou six siècles pour que Berlin éprouve le sort de sa Carthage? Nous ne le pensons point. Car bien plus tristes encore sont les malheurs de Paris, et bien plus criante est l'injustice, bien plus urgente est la revanche. En effet, nos ennemis ont pu jusqu'à ce jour se laver les mains de ces calamités et déclarer que c'est nous seuls qui sommes responsables des ravages de nos édifices publics et de nos maisons particulières.

Impitoyable, Rome l'avait été, mais Rome avait été franche, et Caton répétait en plein sénat son *Delenda Carthago* tous les jours. La Prusse ne saurait être plus cruelle, mais elle a trouvé le moyen d'être plus odieuse, car elle a cherché à se dérober derrière ce paravent qui se nomme l'Internationale. Mais M. de Bismark aurait dû savoir qu'il n'y a que l'autruche qui se croit en sûreté quand elle se cache la tête dans le sable. Il aurait dû être plus hypocrite et faire semblant d'empêcher les internationaux de pénétrer dans Paris par les lignes prussiennes. Il eut été d'autant plus sage d'agir de la sorte que, depuis longtemps, S. A. le chancelier de l'empire est peu ami des grandes villes en général et surtout des grandes villes françaises. Dès 1847 il en a donné une preuve saillante. Député à la Diète prussienne, il se faisait remarquer par la tournure toute rurale de son esprit et par ses tendances absolutistes. Il ne dissimulait point alors sa haine pour les capitales populeuses. Il déclarait hardiment qu'elles devaient être balayées comme étant des centres de démocratie et des foyers d'opposition constitutionnelle. Dans les derniers débats du Parlement impérial, qu'on lit peu en France, et où il y aurait tant d'aveux à consigner, le grand Schylock germanique a effrontement dévoilé un coin de sa politique.

Il a déclaré que la capitale de la République française était *un piége dans lequel* il laissait entrer tous les révolutionnaires européens pour les prendre comme dans une souricière. Puisque souricière il y a, soit. Quoique sans doute dans cette souricière vous ne preniez jamais les souris qui vous sont chères et dont vous comptiez faire usage un jour ou l'autre. Mais s'il vous prend fantaisie d'établir une souricière, monsieur le prince de Bismark, c'est sans doute parce que l'Allemagne est assez riche payer les frais de lard !

Il semble qu'il y ait là dedans une question de justice et de haute équité nationale. S'il est établi juridiquement que l'Allemagne a laissé faire ce qu'elle pouvait empêcher, n'est-elle point juridiquement responsable? Occupant par la force les pays situés dans le périmètre déterminé par les traités, elle est comptable vis-à-vis de la France de ce qui passe. Victoire oblige. Le métier de conquérant a ses petits déboires.

Tous les peuples seront avec nous si nous parvenons à démontrer la fraude immonde, si nous saisissons la main de M. de Bismarck dans ces nouveaux complots savamment ourdis contre la France.

L'Italie, l'Espagne, la Belgique se sont émues sans que la vérité fût connue, sans même qu'elle fût soupçonnée peut-être. A l'annonce des malheurs de Paris une motion sympathique à la France a failli passer à la Chambre des Communes. M. Gladstone a déjà eu bien du mal à retenir l'élan généreux des représentants du peuple anglais..... Que serait-ce, s'il était démontré que les mots d'ordre sont partis de Berlin, que Berlin nous a expédiés des scélérats internationaux.

Fusiller à l'aveugle des gens qui peuvent faire des aveux précieux c'est donc un crime contre la nation. Que vous fait une carcasse de scélérat que l'on va jeter à la voirie..... Mais ce drôle était peut-être porteur d'un secret qui valait des milliards. En le sauvant on aurait pu remonter jusqu'au chef de tous les traîtres.

Les Vandales par procuration.

—

Lorsque les Barbares ont envahi pour la première fois l'empire d'Occident, ils n'étaient pas jaloux de Rome. Ils n'avaient point la prétention de passer pour la nation la plus civilisée du monde. Ils ne poussaient point l'orgueil jusqu'à faire déclarer, par quelque Dubois Raymond de ces temps grossiers, que la race romaine avait été affolée par les Césars. Ils ne possédaient point dans les forêts germaines quelque Max Muller, précieux linguiste, pour établir par raison démonstrative la supériorité de la race teutonne. Une fois maîtres des cités où ils s'étaient introduits comme esclaves ou en qualité de mercenaires, ils se livraient à leur amour du pillage sans honte, sans vergogne, avec une sorte d'ostentation. Les Vandales se faisaient gloire de détruire. Le chancelier d'Attila n'avait point de secrétaire international. Karl Marx ou tout autre Karl lui était superflu ; il disait : je suis le fléau de Dieu. Le pas de mon cheval empêche le gazon de pousser sur la terre ! Les choses ne se passent plus ainsi de nos jours. Les Prussiens raffinés ont senti le besoin de passer pour vertueux, tout en assouvissant leurs bestiales passions, leur soif de vengeance, avec une férocité dont les Teutons n'eussent point été capables. Vandales, ils ne se donnent point la peine de l'être. Ils poussent des Français dépravés, affolés, à l'être pour leur compte.

Vous n'avez point sans doute oublié le crime de Lapommeraye, ce docteur empoisonneur de sa maîtresse, qui avait monté son coup avec une habileté si extraordinaire et qui ne fut pris que parce qu'il avait pris trop bien ses

précautions lui-même. Un homme trop prudent ne saurait être tout à fait en règle avec sa conscience. Voyez
M. de Bismarck, avec quelle circonspection il s'explique
sur les affaires de France ; comme il évite de parler de
cette Commune, à laquelle il a reconnu le droit de belli-
gérant, car il a échangé avec elle des dépêches, contrai-
rement au droit des nations. Il a déclaré audacieusement
qu'il y avait pour le gouvernement prussien deux gou-
vernements en France, déclaration infâme, qui lui donne
la responsabilité internatiouale en vertu de la jurispru-
dence nouvelle dont les États-Unis sont les puissants
avocats. L'affaire de l'*Alabama* va renaître en France.

Quoi ! vous occupez un district limitrophe de l'insurrection et vous avez l'audace de déclarer que le gouvernement insurrectionnel existe pour vous tout aussi bien que
le gouvernement de Versailles ? Est-ce que ces misérables
n'étaient point autorisés à croire qu'ils pourraient gagner
la Belgique dès que leur rôle éphémère aurait cessé ? N'est-
ce point cette audacieuse immixtion dans les affaires de
France qni a donné des proportions inouïes à la résistance ?
Puis, la foule abrutie, immonde, qui comptait sur vous,
apprend brusquement que la voie d'Allemagne est bloquée
et que les Prussiens impitoyables reçoivent leurs amis
fédérés à coups de canon. N'est-ce point là le secret de
bien des horreurs ? N'est-ce pas une habile manœuvre qui
propage et généralise le désespoir ? Voilà Paris en
flammes ! Berlin a bien le droit de se réjouir ! ! !

M. de Bismarck pense que l'Alsace et la Lorraine,
épouvantées, renonceront avec horreur à la nationalité
française. Il s'imagine que la France haletante n'aura
plus la force de songer aux provinces dont elle est veuve.
Erreur profonde, M. de Bismarck aura travaillé, non pour

le roi le Prusse, mais pour la République si l'Assemblée oublie ses injustes préventions royalistes, pour se rappeler qu'elle est avant tout française.

La France ne saurait être détruite toute entière par le feu, puisqu'il n'y a pas dans la Prusse assez de pétrole pour brûler toutes nos villes. Cet incendie géant sauvera la France comme celui de Moscou a sauvé la Russie, car il rendra la France encore plus intéressante ; il rendra la Prusse vingt fois plus odieuse. La Pologne, le Danemark, la Bohême, la Suède n'ont point attendu l'incendie de Paris pour joindre leur cause à la nôtre.

Dans la dernière séance du Parlement impérial, une voix généreuse s'est fait entendre. Le représentant Bebel a déclaré hardiment que l'Allemagne se déshonorait en s'incorporant une portion volée de la France. Bebel a été seul dans le Parlement fédéral, mais il a pour lui toute l'expérience des siècles passés, toute la logique de l'histoire. Ce lambeau sanglant, c'est à courte échéance la victoire de la France ! Que dira M. de Bismarck, quand les représentants de l'Alsace viendront redemander la glorieuse patrie française reniée par les Judas de la commission consultative ?

M. de Bismarck a raillé sans pitié Bebel, que l'Assemblée a couvert de sarcasmes, de malédictions et de rires. Mais Bebel, éclairé par les flammes de Paris, verra bientôt la vérité tout entière. Il cessera de faire l'apologie de la Commune de Paris, dans laquelle il n'a point encore reconnu l'œuvre du prince de tous les traîtres. C'est pour cela que M. de Bismarck avait le droit de rire du rire de Méphistophélès, car ceux qui aiment l'Allemagne doivent pleurer, ils ne doivent pas rire à cette heure.

Mais quand la vérité vraie sera connue, M. Bebel ne

sera point seul à protester dans la Chambre. L'Allemagne honnête ne voudra point endosser devant l'histoire la responsabilité de tant de scélératesse. Juarez, en fuyant dans les plaines infinies du Mexique, disait souvent : « Je tue l'empereur Napoléon III. » L'Indien avait raison. C'est lui qui a porté les coups irrésistibles à l'empire. Ce n'est point trop se hasarder que de dire que les flammes de Paris coûteront aussi cher à Guillaume que celles de Moscou à Bonaparte. Les régicides n'ont jamais porté bonheur aux partis extrêmes, pas même celui de César à Brutus. Comment veut-on que le meurtre, non d'un homme, mais d'une ville, d'un peuple, ne porte point malheur à un prince ?

Le dossier d'un nouveau Charlemagne.

Partout où nous avons porté les yeux, nous avons découvert les traces d'un affreux machiavélisme. Nous sommes comme un juge qui trouve des marques de pas dans le voisinage d'un cadavre assassiné et qui reconnaît avec surprise que ces pas appartiennent à la même personne. Le coupable inconnu a dû rôder bien longtemps autour de sa victime avant et après le meurtre. Cette circonstance doit servir à diriger l'instruction. Il est difficile que la justice s'égare.

Le misérable assassin de Paris, de la France se désigne

lui-même. Le peuple de Paris a été perdu par les mêmes ruses que son empereur.

Napoléon III, en réalité, ne voulait pas la guerre. Il s'y est raccroché comme à une nécessité sinistre, parce qu'il sentait bien que son pouvoir lui échappait. Il a été à Sarrebruck comme le caissier infidèle va à Spa la veille du jour où il sait bien qu'on va lui demander ses comptes. Il a mis à contre-cœur sa couronne sur ce tapis. sanglant des batailles. Il comptait sur l'imprévu, le hasard, la chance. La Prusse avait tout préparé, creusé tous les piéges, éclairé par ses espions toutes les routes, toutes les villes, tous les ministères. L'insurrection fatale du 18 mars 1871, a été fatalement imposée à une population généreuse, brave, par des subterfuges du même genre. Paris ne demandait qu'à se reposer de cette guerre horrible. Chacun voulait rentrer dans la vie civile et guérir ses blessures financières. Pourquoi une poignée d'ambitieux, de scélérats a-t-elle réussi à précipiter la ville entière dans une catastrophe sans exemple et sans excuse ? C'est qu'ils ont trouvé des ressources, des encouragements de toute nature. C'est que des influences mystérieuses ont donné un corps à une intrigue qui n'était que ridicule, dont il n'y avait qu'à rire ! Croit-on que ces hommes sombres auraient trouvé l'argent de la première heure s'ils n'avaient eu derrière eux les croupiers du crime ? Il a fallu un actif social pour organiser ce grand coup avant qu'on ait pu négocier sur les places étrangères les coupons d'emprunt volés dans les caisses municipales. L'empereur d'Allemagne et Bonaparte n'ont eu garde de manquer le coche. Fallait-il être bien intelligent, bien subtil pour deviner que l'on trouverait à Paris tous les éléments d'une révolution extraordinaire, si on y laissait affluer tous les aventuriers du monde? L'histoire de Carthage, qui ne pouvait se débarrasser de ses mercenaires sans les massacrer par milliers suffirait pour répondre. M. de Bismarck n'a eu qu'à lire le roman de Salambô, par Gustave Flaubert, pour savoir à quoi s'en tenir. Est-ce que Duguesclin avec ses routiers n'était pas un autre exemple? Faut-il encore parler de Wallenstein et de tant d'autres? Telle qu'elle était organisée et démoralisée par la défaite, la garde nationale avait perdu tous les avantages d'une troupe organisée, elle les avait remplacés par les défauts inhérents à une troupe mercenaire. La faute n'en est point toute organisation défectueuse du corps.

Il faut s'en prendre surtout à la puissance de ceux qui avaient intérêt à se servir de la garde civique pour troubler l'ordre social, pour couronner l'édifice de la capitulation de Paris. Le dossier de l'empereur allemand, nous le ferons avec tous les soins qu'il mérite, car c'est un travail auquel on ne peut se livrer à la légère. Ses éléments n'ont pas tous été brûlés avec les sommiers judiciaires. On n'aura point fusillé tous les complices, car les hommes sensés et humains ne tarderont point à arrêter les exécutions sommaires.

Nous ne citerons point de noms, car nous ne voulons point servir d'auxiliaire à l'instruction. Nous exprimerons simplement notre certitude morale, notre conviction profonde. C'est aux agents de l'État qu'il appartient de chercher les preuves : *Cherchez et vous trouverez*, a dit l'Évangile, et jamais l'Évangile n'a exprimé une vérité plus grande, plus naïve. Nous émettons bien sincèrement l'opinion que nous entendrons assigner l'empereur Guillaume et son ministre à paraître devant les cours martiales de France. Une dénonciation diplomatique, avec

pièces à l'appui, serait le premier acte de la vengeance!
Qu'on prenne garde de ne détruire aucune preuve, que
l'on garde surtout précieusement les preuves vivantes!

La colonne Vendôme et la médaille militaire.

En temps de paix, il n'aurait point été insensé de discuter la destruction de la colonne Vendôme, car, malgré
sa valeur artistique, elle avait le tort d'être faite avec du
bronze capturé à la guerre. Mais après les désastres sans
précédents de la dernière campagne, l'idée n'aurait pu
germer que dans une tête prussienne. Si les délégués du
Comité central et les membres de la Commune de Paris
l'ont adoptée, c'est parce que tous étaient vendus à l'Allemagne, au moins par leurs frayeurs. Ils croyaient tous
que par ce sacrifice ils achetaient au moins le droit à
l'asile en Allemagne. Rien, en effet, n'était plus propre à
châtouiller l'orgueil des Juncker. Rien n'était plus propre à diminuer notre ardeur guerrière que la tolération de
cet outrage!!! Il n'est point étonnant que, malgré son
aveuglement, la masse du peuple parisien ait compris la
portée de cet événement sinistre et que de bouche en
bouche ait voltigé ce cri accusateur : « C'est la Prusse
qui paie! » cri trop vrai pour être vrai, car la Prusse
n'avait plus besoin de payer à cette heure. On cherchait à
devancer les volontés de Bismarck. Il fallait à tout prix

plaire au prince. Un mot du ténébreux Frankel était un ordre sévère.

S'il était permis de douter de la responsabilité au moins morale de la Prusse, le doute s'évanouirait rapidement devant le fait de la création d'une médaille prussienne militaire. En effet, l'empereur d'Allemagne a mieux fait que de fondre une colonne avec les bronzes français, il a fait fabriquer en métal de nos canons le souvenir qu'il octroie à tous les soldats ayant pris part à la guerre. C'est la menue monnaie de la colonne que l'Empereur distribue à ses troupes ! Guillaume Ier est décidément plus fort que Napoléon Ier. Guillaume Ier peut de plus fabriquer bien des colonnes pareilles à la colonne Vendôme. Mais il ne le fera peut-être point, par crainte de passer pour un plagiaire.

La maison de M. de Bismarck et celle de M. Thiers.

Il était, m'a-t-on dit, question en Allemagne de construire un palais national à M. de Bismarck. Le chancelier de la Confédération était flatté de cette conception patriotique. Quel est le meilleur moyen, le plus sûr procédé d'ajouter à cette satisfaction infernale? Comment augmenter le prix de cette demeure, dont chaque pierre représente tant de sang, tant de larmes, tant d'espionnages? N'était-ce point de pousser les Parisiens à renverser la maison de l'homme qui tient la puissance de

M. de Bismarck en équilibre, sans lequel la France s'en irait en lambeaux? Aussi la Commune décrète la destruction de l'hôtel de la place Saint-Georges! Rochefort, qui proposa d'accomplir cet acte de vandalisme, est-il le vrai coupable? Il ne pouvait se douter de la portée des moindres mots qu'il jetait au bout de sa plume. Artiste, il cherchait l'effet et non point à nuire ou à détruire! Sa pensée prenait le mors aux dents, et il courait sur les crêtes les plus aiguës. Faut-il donc s'étonner qu'il soit souvent tombé dans les fondrières?

On ne comprend point l'horreur du spectacle qu'offre Paris, si on ne se retourne pour regarder Berlin. Nos flammes sont hideuses, mais l'auto-da-fé infernal de la Commune ne rayonnera pas avec son éclat funèbre sur notre époque pervertie tant qu'on n'aura point démêlé le rôle de la Prusse, tant qu'on n'aura pas cloué les coupables au poteau de l'histoire. C'est Berlin qu'il faut contempler avec dégoût à cette heure. Quel spectacle que celui de la commission impériale supputant la part de prise qui va revenir à chaque État sur le prix du sang, demandant une dotation tantôt pour Bismarck, tantôt pour de Moltke, bientôt peut-être pour le communard Frankel et ses sinistres compères, s'ils se tirent de la bagarre. Ceux-là seront payés sur les fonds secrets réservés aux mouchards, mais tout fait ventre pour ces bandits. Bismarck et de Moltke vont émarger sur les fonds provenant du butin de la France. Bravo, messeigneurs! Gorgez-vous d'or, princes nouvellement récrépits, car j'ai souvenance que la dotation de Palikao n'a point porté bonheur à l'empire. Plus vous vous déshonorerez, moins tardera la vengeance.

Les Prussiens professeurs des communards.

La manière dont les Prussiens ont fait la guerre a produit dans tous les pays civilisés une impression profonde. Le monde entier s'est ému en voyant froidement employer des procédés atroces qui eussent déshonorés des époques barbares. On se rappelle encore l'horreur avec laquelle on apprit le système des réquisitions impitoyables et surtout celui des otages. L'Allemagne était déshonorée par les moyens dont la Prusse s'était servie pour vaincre. Il fallait que l'histoire oubliât les fusillades, les iniquités sauvages, afin que rien ne diminuât la gloire du fondateur de l'empire. Il était même prudent que la France oubliât ses haines. Quel était le meilleur procédé pour justifier les exécutions froidement préméditées, les ordonnances sanguinaires, les libertés violées, les familles outragées, les propriétés confisquées, les menaces, les vols publics et privés, les pillages systématiques et les cadeaux envoyés à Gretchen, c'était de montrer que les Français en faisaient bien pire encore. C'était d'éclipser l'horrible guerre par une guerre plus horrible encore.

Il est toujours très-habile de faire comparer la guerre civile à une guerre étrangère, car la guerre civile se trouve fatalement empoisonnée par des éléments atroces. Les combattants obligés de combattre jusqu'à la mort, parce que la crainte de l'échafaud les talonne, montrent presque toujours une obstination atroce. Ce n'est point

dans une guerre civile que l'on voit jamais les armées
entières mettre facilement bas les armes lorsque le général est lâche ou traître. Napoléon ne se fût point rendu
à Sedan s'il eût été entouré par des troupes insurrection-
nelles de la république. Il n'aurait point si facilement
remis son épée au général Cluseret qu'au roi Guillaume !
Mais jamais peuple n'a été si affreusement préparé que
les Français à se déchirer dans des convulsions furieuses,
parce que jamais un gouvernement régulier n'avait donné
de si affreux exemples; jamais l'imagination populaire
n'avait été surexcitée par autant d'événements sinistres,
par un nombre si effrayant de destructions grandioses.
Les malheurs publics ont affolé les citoyens, et la folie
d'imitation est le résultat le plus commun des grandes
perversions d'intelligence.

Les incendies des villages ont perdu tout leur caractère odieux, infernal. Ces flammes campagnardes sont
éclipsées par nos flammes urbaines. Qui parlera de quelques masures livrées aux flammes, de quelques rustres
fusillés, de quelques maires de campagne mourant dans
une prison lointaine, de la dévastation de quelques maisons de plaisance. Tout cela est effacé par les hauts
faits des communards, de ces républicains qui auront
rendu le service de rendre la république odieuse, et
auquel le roi de Prusse doit bien un asile s'ils sont assez
intelligents pour se faire passer pour morts, pour disparaître dans les dessous du monde ! Les communards ont
dépassé leur maître, c'est ce qui arrive souvent; mais
ne soyons point ingrats et rendons à César Guillaume ce
qui appartient à Bismarck et à Guillaume. Les deux
hommes d'État doivent être fiers de leurs élèves. Quant
aux Prussiens, il n'y a rien d'étonnant à ce qu'ils soient

de bons professeurs, car les Vandales venaient de
Prusse, et quoiqu'il adresse quotidiennement des prières
à l'Eternel, si l'on grattait le pieux Guillaume, on trouverait peut-être un nouveau Genseric.

La Presse prussienne de Londres.

Il y a un point que nous n'avons fait qu'effleurer et sur
lequel nous devons revenir encore avec plus de détails.
C'est l'horrible attitude de la presse prussienne de Londres, en tête de laquelle marche le *Daily News*, journal
notoirement vendu à la Prusse pendant le premier inves-
tissement de Paris. Il n'y a pas de calomnie que ce journal n'édite pour représenter les troupes de Versailles
comme étant animées des plus affreux sentiments. Il a
poussé l'audace jusqu'à envoyer un correspondant auprès
de l'état-major du général Dombrowsky. Ce correspondant, d'après son aveu même, est de ceux qui ont été
assiégés dans Paris par la Prusse et qui se servaient des
ballons pour envoyer à Londres une multitude de correspondances infâmes. Déjà dans le premier siége, les jour-
nalistes avaient plutôt fait le métier de mouchard que le
métier de *reporter*. Quel sera le sort de ce correspondant s'il tombe entre les mains de la police française? Je
crois qu'il sera soumis à une enquête sévère. Car on a
grand intérêt à saisir les fils par lesquels la conspiration

parisienne se rattachait à la canaille prussienne de Londres.

Les gens qui touchent au *Daily News* doivent tous être suspects. D'autant plus qu'avec ces sentiments antifrançais, le *Daily News* s'est mêlé à des distributions de secours à l'aide desquels il a pu rendre de grands services à la police prussienne. Ces cadeaux du *Daily News* servent aux compères pour protester chaque fois que le journal honnête est signalé comme hostile au gouvernement de la République française. Dans un journal de Versailles je l'attaquai comme je le fais en ce moment. Il me fut répondu par l'histoire de la souscription. Comme la presse de Versailles, mutilée par la Commune, n'a point de place pour la polémique, j'ajournai la réponse que je ferai avec des extraits du *Daily News*; mais je dois dire déjà que la collection des correspondances de ce journal est de la plus haute importance pour l'exécution rationnelle de la mission Echasseriau. Surtout si l'on tenait en prison les auteurs de ces correspondances, on apprendrait bien des vérités internationales surprenantes.

Malgré les efforts peu discrets de la presse prussienne de Londres, les événements de Paris ont produit une véritable révolution sur l'opinion britannique, avant même que le tragique dénoûment fût connu.

Bradlaugh, éloquent républicain anglais, était parti pour Paris afin de proposer un plan de conciliation dans lequel il donnait tout à fait gain de cause aux communards; il fut arrêté grâce à la vigilance des autorités de Calais, conduit à Boulogne, interrogé par le sous-préfet et expulsé immédiatement. Il publia dans les journaux une lettre très-violente, dans laquelle il raconta avec beaucoup de dépit la mésaventure fort méritée qui lui était arrivée. Il y a douze jours, un club républicain se forma dans une ville importante d'Angleterre. La présidence en fut donnée à Bradlaugh qui prononça le discours d'ouverture. Au lieu d'être une violente diatribe contre le gouvernement de M. Thiers, le discours de Bradlaugh fut un modèle de modération et de bonne politique. Bradlaugh, doué d'une vive pénétration, d'une intelligence très-lucide, avait vu clair. Il comprenait que dorénavant le rôle du parti républicain était tout tracé. Au lieu de se lancer dans de dangereuses exagérations, il faut préparer l'avénement de la République qui s'écarte le moins de la constitution actuelle de l'Angleterre. Il faut s'arranger pour que l'Angleterre s'aperçoive à peine du changement le jour où l'on supprimera la couronne. Les conséquences ultérieures ne se doivent apparaître que progressivement. C'est la suite du mouvement législatif qui doit les mettre en évidence.

En ce moment a lieu à Londres l'ainée d'une série d'expositions internationales. Seule, la France manque encore à ce rendez-vous de tant de nations civilisées. Elle n'y a qu'une galerie de tableaux en état de recevoir les visiteurs. Cette galerie elle-même eût été bien pauvre sans la fraternelle assistance des amateurs anglais, acquéreurs des œuvres de nos grands peintres. Pressons-nous de répondre anx Prussiens de Londres. Ne perdons point le temps qui reste encore à courir. Que les retardataires se hâtent. Que les blessés de la guerre étrangère et de la guerre civile fassent des sacrifices pour montrer que la patrie de tant d'illustres producteurs n'est pas morte, que notre industrie n'est point prête à capituler, qu'il n'y a point de Sedan pour nos peintres. Déjà les toiles qui sont exposées attirent tous les regards.

Deux morts illustres..... L'un héros, l'autre coupable, mais victime lui aussi, se partagent l'attention. *La Vague* de Courbet, qui a mis fin par le poison à une existence empoisonnée par des actes de folie liberticide, n'est pas loin de la *Décapitation au sérail* de cet héroïque Regnault, le vaillant garde national tombé martyr! On sent la palette fiévreuse de ce vaillant! Le sang ne lui faisait pas peur..... Puis des œuvres pensives, pleines de mélancolie et de tristesse..... des intérieurs anglais, des sujets étrangers peints par des réfugiés pensant à la patrie souffrante. Armitage, un artiste anglais, élève de Yvon, le peintre de nos derniers triomphes, cherche à consoler la France, sa patrie d'adoption, car elle l'a initié à l'art. Il nous montre le champ de bataille de Bazeille tel qu'il sera dans un siècle. Le paysan a mis sa charrue dans la terre. Il est tout étonné de trouver des casques rouillés. La France a oublié l'invasion, ses douleurs et par conséquent ses haines. Nous sommes redevenus ce que nous n'aurions jamais cessé d'être. Pourquoi? Parce que nous sommes parvenus à effacer l'outrage, plus noblement qu'en versant à flots le sang de tristes victimes.

Spartacus à Paris.

—

Parmi les héros dont le bronze décore le Jardin des Tuileries se trouve Spartacus, dont le sort offre quelque analogie avec celui de quelques chefs communards. Heureusement, tout sentiment héroïque n'a point été éteint

dans l'âme des prolétaires insurgés, un grand nombre
sû prendre modèle sur le général des esclaves. Spartacus,
on ne l'a point sans doute oublié, négociait avec Rome,
et ce sont ses soldats, plus que les Romains, qui parais-
sent l'avoir obligé à livrer une dernière bataille. Comme
il n'avait pas foi dans le succès, il fit mettre en croix un
prisonnier romain, afin de montrer aux siens qu'il fallait
vaincre ou mourir. Mais il ne chercha point à se dérober
comme un trop grand nombre de ses modernes imitateurs, car on se rappelle qu'il poignarda lui-même son
cheval avant l'action, disant aux siens : « Si nous triom-
phons des Romains, j'en aurai d'autres; si nous sommes
vaincus, je n'en veux point, parce que je ne chercherai
pas à fuir. » Mais Spartacus, esclave pris à la guerre,
enfermé dans Capoue pour servir aux sanglants plaisirs
des maîtres du monde, avait le droit d'être impitoyable? N'est-ce point se tromper étrangement sur les
lieux et les temps que de confondre les ouvriers de
l'époque moderne avec des esclaves? Ne peuvent-ils point
s'affranchir autrement que par la violence? Disons mieux :
N'est-il pas prouvé que la violence est tout à fait impuis-
sante à briser leurs chaînes? La société a des besoins
multiples que les nations doivent à tout prix remplir.
C'est la science, la science seule qui rendra les arts in-
dustriels plus attrayants, moins dangereux, plus produc-
tifs. Est-ce que les travailleurs de Paris n'ont point pour
eux l'arme du scrutin, arme irrésistible? Aurions-nous eu
un siècle où l'on vote l'atrocité des temps où l'on fouet-
tait? Est-ce que les généraux de la République française imiteraient Crassus, qui, prenant six mille soldats
de Spartacus, les fit pendre aux arbres des routes ?
Aura-t-on la chasse aux communards, comme l'on a eu la

chasse aux esclaves? Non! soyons économes de la vie humaine. Le sang est une liqueur précieuse dont la vue porte à la tête et qu'il est toujours, quoi que l'on fasse, bien dangereux pour la raison de répandre.

La Commune n'a pas fait des citoyens, mais des bêtes farouches. Les gredins sinistres qui ont organisé ce mouvement ont dégradé la nature humaine au lieu de l'ennoblir. Ils ont fait rétrograder moralement dans les siècles sombres de l'histoire. Que les hommes de cœur, de raison s'unissent pour opposer une digue au déchaînement horrible, pour présenter quelque pensée consolante au milieu des épouvantables malheurs ! Des gens de la Commune, quelque coupables qu'ils soient, l'histoire fera deux classes. Dans la première, elle mettra ceux qui sont tombés les armes à la main et qui ont lutté jusqu'à la mort. Arrivé à un certain point, l'héroïsme devient une nécessité sinistre. Le scélérat complet peut devenir sublime d'horreur. Vallès, se défendant contre le sabre et luttant contre la balle, me fait oublier le mouchard, le parjure, l'espion peut-être. Mais Vallès suppliant, se tordant, est pire qu'un parricide. Nous devons une pitié à Jacquelard, qui, échappé de la fournaise, cherche à exciter le peuple de Versailles en faveur de ses complices. Gaillard père devait se jeter sur ses gardiens, dans un emportement farouche, pour qu'il fût possible de croire que son exaltation n'était point feinte ! Courbet, se suicidant pour échapper à la honte de ses forfaits, de sa capture, n'est plus le ridicule et sinistre pochard... Mais ceux pour lesquels l'histoire sera impitoyable, ceux dont elle flétrira les noms avec emportement, avec horreur, ceux dont notre être entier aura dégoût, ce seront les immondes qui se sont dérobés à l'heure suprême, ceux qui, dit-on, cachés sous l'uniforme de garde national ordinaire, prétendent n'être que de simples entraînés, présentent des livrets en règle et cherchent à se perdre dans la foule des captifs vulgaires.

En tout cas, il faut se tenir en garde contre les histoires à sensation débitées par les journaux qui cherchent à exciter les passions réactionnaires. Sauf quelques crimes atroces, comme la mort du général de Bréa, presque toutes les accusations portées contre les insurgés de Juin ont été reconnus mensongères. Le mobile tué entre deux planches n'était pas plus vrai que le soldat de la ligne mutilé. Je me défie donc de l'hisfoire des pompiers allumant le feu avec un jet de pétrole projeté à distance. L'eau pure a pu produire cet effet, surtout au premier moment et si le foyer est d'une intensité extraordinaire. Si les pompiers ont été fusillés, ce qui n'a pas eu lieu, je l'espère, ils ont été victimes d'une affreuse erreur produite par l'ignorance. Que l'ignorance doublée de la peur a produit des catastrophes funèbres? La crédulité dans ces moments terribles a une portée immense. On devient assassin presque sans s'en douter, et l'on permet aux autres de le devenir avec une facilité surprenante.

Prêtres, républicains et communards.

Lorsque la grande république fut amenée à sévir contre les prêtres, ce ne fut ni de gaieté de cœur, ni de propos

délibéré. C'est malgré elle, pour ainsi dire, qu'elle
eut recours à l'arsenal des lois révolutionnaires. Elle
n'aurait pas mieux demandé que de vivre en paix avec
l'Église, mais les curés se rangèrent avec une unanimité
presque absolue contre les idées nouvelles. Rome fit
cause commune avec le roi et avec la coalition étrangère. Si les inconstitutionnels furent poursuivis, c'est en
qualité d'ennemis de la France, bien plus qu'en qualité
d'hommes d'église. Presque tous les révolutionnaires de
la grande époque voulaient avec Voltaire « qu'on puisse
aller même à la messe comme le veut la liberté. » Le
culte de la raison s'impose à la révolution comme une
nécessité politique plus encore que comme une satisfaction philosophique. Si les prêtres avaient accepté le ser-
ment civique, la révolution n'aurait point renversé les
autels, et la philosophie révolutionnaire eût employé la
persuasion seule pour faire déserter les églises. Les prêtres auraient eu à défendre leurs croyances par la parole
et non par le martyre. Ils n'auraient point eu de prétexte
pour faire appel au bras séculier, puisqu'ils auraient joui
comme les autres de la liberté républicaine. Ils auraient
accepté la république française comme ils ont accepté la
république helvétique et la république américaine, comme
ils ont accepté les différentes républiques espagnoles.
Jamais les philosophes n'avaient eu de plus belles
chances pour mettre en pratique les idées de tolérance
qu'en 1871, car un des plus grands scandales de l'histoire moderne vient de disparaître. Le pouvoir temporel
ayant disparu pendant que Paris était bloqué, nous pou-
vions bénéficier du fait accompli sans avoir à nous rendre coupables de la moindre violence.

La persécution dirigée contre le clergé provient d'un

sentiment plus ignoble que l'intolérance sanguinaire, c'était la croyance que Versailles ne laisserait jamais fusiller de si précieux otages. Les lâches ont cru qu'ils se sauvaient. Quand ils ont vu qu'ils étaient perdus, ils sont devenus assassins par désespoir. Rien ne manque à leur déshonneur! C'est ici qu'il faut faire remarquer la présence d'éléments étrangers, qui avaient pris le haut du pavé insurrectionnel et qui avaient quelques raisons pour redouter que le clergé n'acceptât la république française, car les provinces rhénanes sont essentiellement catholiques et la Prusse est essentiellement protestante. Le clergé alsacien et lorrain restant dévoué à la France, la prussianisation de ces provinces devient presque impossible. La revendication sera éternelle à Strasbourg, comme à Dublin, comme à Varsovie, si la France voltairienne sait vivre en paix avec la France gallicane.

Quelques-uns des otages que l'on dit fusillés avec les prêtres doivent l'avoir été par suite d'influences mystérieuses faciles à deviner. Le banquier Jecker, Suisse de nation, était porteur des secrets des Bonaparte relativement à l'expédition du Mexique. Il pouvait parler, il avait à plusieurs reprises menacé de dévoiler ce qu'il savait. Voilà un témoin dangereux de moins sur la terre! On doit respirer un peu à Chislehurst. L'abbé Deguerry, dont nous avons à déplorer la mort, était presque un républicain. L'archevêque de Paris avait résisté au pape lors du concile du Vatican; c'est ainsi qu'il a été récompensé! C'est ainsi peut-être qu'il devait l'être par les dociles instruments de tous les despotismes!

———————

Positivistes et Francs-maçons.

—

Le gouvernement impérial n'a jamais eu pour le clergé les mêmes tendresses que pour le parti légitimiste, mais il n'a pas été exempt non plus de partialités blâmables à cet égard. On avait de plus à reprocher au parti prêtre d'avoir soutenu vigoureusement la candidature du prince Louis-Napoléon lors de sa nomination à la présidence d'abord et ensuite à la dignité impériale. Cependant, excepté chez quelques esprits extrêmes, l'animosité n'était point très-grande contre le clergé. Certes il n'entrait dans l'idée de personne de se livrer à des violences personnelles. La dépossession des frères et des sœurs tentée par quelques maires de Paris pendant le siége avait été même blâmée sévèrement. Cependant les sentiments catholiques de Trochu et de Favre avaient été exploités par certains énergumènes. Les calomniateurs du gouvernement de la défense expliquaient nos échecs par cette circonstance.

Les deux sectes les plus en vogue n'avaient aucune hostilité dogmatique contre le clergé, quoique le positivisme prétendît ouvertement à son héritage; mais les positivistes avaient été débordés, puisque les représentants les plus extrêmes de la fraction religieuse n'avaient point fait partie de la Commune, le maire Clémenceau n'ayant point été porté candidat, et le maire Robinet ayant donné sa démission. De même la franc-maçonnerie fait de la tolérance une loi fondamentale, mais les maçons insurgés qui avaient été planter des bannières

sur les remparts de Paris n'avaient point à tenir compte
des prescriptions du rituel. Toutes les doctrines, même
les plus radicales, ont été outrées par des personnages
odieux et grotesques qui se sont donné la mission de
faire assister le monde aux saturnales de l'hypocrisie.
Il est bien étrange que cette horrible explosion ait lieu
un an avant le troisième anniversaire séculaire de la
Saint-Barthélemy et cette fois encore avec le concours
de l'étranger. L'analogie que nous avons signalée est
étrange, quoique les ligueurs aient été plus économes du
matériel parisien et qu'il faille remonter aux émeutes
ignobles de Caboche pour trouver des exemples de pareilles atrocités.

Les Cabochiens aussi se mêlaient de légiférer, et
l'ordonnance cabochienne est, dit-on, un chef-d'œuvre.
Je serais curieux de la comparer avec les monuments
législatifs que la Commune lègue à l'histoire, grâce à la
science de feu le citoyen Protot et de feu le citoyen
Raoul Rigault de tous les plus complices vivant encore
de la feue commune incendiaire.

Les Infâmes.

Quand la Commune tint à l'hôtel de ville sa dernière
séance, il paraît que la moitié des membres manquait à
l'appel sans raison quelconque, si ce n'est la désertion
en présence d'un ennemi provoqué de mille manières différentes et mis systématiquement en fureur. Dans les

scélérats vils, il y en a de plus coupables que les autres.
Ce sont ceux qui étaient les intermédiaires avec les Prussiens, ceux qui avaient le mot de passe, ceux-là échapperont, grâce à l'appui tout-puissant de leurs complices couronnés de Berlin et découronnés de Londres. Pour eux toutes les recherches seront impuissantes.

Ce seront les drôles horribles qui auront dirigé les incendiaires dans leur œuvre de destruction! Ce sont les agents prussiens qui ont envenimé nos plaies. Les brigands auront trouvé le moyen de franchir les avant-postes. C'est pour eux que les ballons auront fait semblant de partir. Car il fallait singer un sauve-qui-peut aérien pour que leur fuite ne parût pas suspecte, pour colorer leur infâme départ.

Les lâches qui ne sont point mouchards seront tombés dans les réseaux de la police. Ils n'auront fait que de se déshonorer en s'efforçant de dérober leur tête aux sinistres conséquences de leurs forfaits. Quand on saura les noms des brigands échappés, cela donnera de grandes lumières. Mais cela sera difficile, car ils auront l'habileté de se faire passer pour morts. On les croira disparus dans la tourmente, et ils jouiront en paix auprès du prince de Bismarck des fruits de leur scélératesse.

Hugo peut sans danger leur offrir l'hospitalité de son appartement de la place des Barricades, ils n'iront point certainement en jouir. Le poëte déchu ne sera point réduit à fausser la parole qu'il donne avec tant d'ostentation et à les laisser enlever de sa demeure sans les suivre! Il y a des gens qui, gâtés par la fortune, finissent par lasser les destins et par se montrer sous un jour odieux! Pourquoi tes vieux ans, Hugo, te montrent-ils courtisan du peuple comme dans ta jeunesse tu fus courtisan des princes? Pourquoi le soir de ta vie ressemble-t-il à son aurore? Pourquoi, si près de la tombe, n'aperçois-tu pas les clartés de la raison? O Hugo, si ta voix écoutée, puissante, n'avait été égarée... si tu n'avais défendu cette commune immonde! si ta poésie nageant entre deux sangs, n'avait augmenté l'aveuglement des pauvres, des vrais travailleurs!!! Que de malheurs, Hugo, te seront imputés par l'histoire. Vivrais-tu mille ans, tu ne vivras jamais assez pour racheter ta gloire.

Pourquoi faut-il que ma plume te condamne? Mais je dois être inflexible pour les grandes erreurs pour que je puisse obtenir quelque pitié pour ceux qui sont à plaindre. Dans ces temps sombres il faut que l'écrivain républicain se fasse juge, et qu'il juge suivant son austère conscience. Défendre certains coupables, ne point flétrir certaines audaces, c'est irriter justement la fureur populaire! Dans certains désastres, Dieu seul peut pardonner à tous et encore peut-être lui serait-il difficile de le faire! Ceux qui fusillent les prisonniers, fussent-ils Dombrowsky, Delescluze ou même Pyat, me font horreur. Mais ce n'est pas le moment de le dire, surtout de le dire sans esprit humain, avec arrogance! En tout cas, si j'admire Ratisbonne, rédacteur paisible des *Débats*, que sa générosité conduit en prison, je suis loin d'éprouver le même sentiment pour le poëte : au lieu d'être une bonne action, sa lettre n'est qu'une horrible impertinence.

Hugo pouvait prononcer son *quos ego*; il n'a rien dit pour calmer les passions sauvages surexcitées par les malheurs publics. S'il veut trouver des auditeurs, qu'il aille à Berlin chanter les victoires de Guillaume. Chez nous, le mieux qui puisse lui arriver, c'est qu'on le croie déjà mort!

La vengeance des nègres.

—

L'incendie n'est point une arme française, c'est la première fois qu'elle figure dans nos discordes civiles. Où les internationaux ont-ils pu prendre cette farouche idée? Quels sont les peuples qui font usage de la flamme? Les nègres esclaves d'Amérique et les Turcs insurgés de Constantinople. Au lieu d'imiter les grands citoyens de Rome et d'Athènes comme les révolutionnaires de 1793, les traîtres de 1871 ont pris modèle sur les noirs échappés du fouet, sur les musulmans abrutis par le fatalisme. N'y a-t-il point quelque chose de suspect dans cette horrible décadence? Ne sont-ils pas justement soupçonnés d'avoir obéi à de perverses suggestions despotiques et étrangères? Le feu n'a-t-il pas été allumé par des mains mercenaires. Il est bon de rappeler à ce propos les étranges paroles prononcées jadis par Napoléon III. Quand il se sentait menacé de perdre sa couronne, il déclarait cyniquement que plutôt que de la rendre, il changerait plutôt Paris en un monceau de cendres! Est-ce que des précautions sinistres n'étaient point indiquées dans son testament? Est-ce qu'il n'avait point donné des ordres analogues en cas d'insuccès lors du coup d'État de décembre? Ces flammes ont une origine doublement impériale. A double titre on peut les appeler porphyrogénètes. Les iconoclastes de Constantinople ont eu leurs empereurs! Napoléon ne repousserait point la cournone parce que la chute de la colonne l'aurait rendue moins précieuse.

Le nid de mouchards.

—

L'Hôtel de Ville a disparu. Il n'est plus qu'un tas de décombres, ce magnifique édifice qui fut l'orgueil de ma patrie et qui me rappelait tant de souvenirs. Le sanctuaire de tant de révolutions, les murs, où malgré tant d'excès, tant de nobles passions s'étaient agitées, sont devenus la proie des flammes..... Faut-il nous plaindre de la folie des internationaux? Hélas, nous serions presque disposés à leur savoir un peu gré de cet acte de scélératesse. Car il nous semble qu'ils avouent eux-mêmes qu'ils ont déshonoré ces salons en les souillant si longtemps de leur présence..... Le palais du peuple était devenu un repaire de mouchards bonapartistes et d'espions prussiens, avec lesquels s'étaient coalisés des fanatiques et des épileptiques. Les gens vertueux de la bande, malgré l'aveuglement systématique, avaient fini par comprendre qu'ils étaient mal entourés. Ceux qui n'étaient malades que d'orgueil insensé, que d'ambition délirante, avaient fait procéder à des recherches dirigées par Raoul Rigault, lequel s'était bravement proposé pour faire le métier d'éplucheur. Outre Assi, que l'on connaissait déjà, on a signalé Blanchet, l'ancien commissaire de police; Clément, l'ancien agent provocateur, espion des internationaux, collègue du citoyen Coopens, juge à la cour martiale! Quelle ironie! Le gibier de potence siégeant dans un tribunal souverain, dirigeant les scélérats chargés d'expédier les bons citoyens pour la fusillade. Sans doute, le procureur de la Commune procédait dans son travail par lettre alphabétique, sans cela je me demande comment il aurait sauté à pieds joints sur la lettre suivante. Il fallait sans doute que toutes les lettres de l'alphabet y passassent, tant la tribu policière était nombreuse... Et les trois quarts des dossiers étaient détruits par les intéressés avant le dernier incendie qui a tout réduit en cendres.

Composé d'éléments impurs, le Comité central, le Comité de salut public, la Commune, tous les pouvoirs fangeux du 18 mars ne garderont aucun de leurs secrets, si l'on sait interroger les documents secrets et si l'on s'y prend habilement avec les coupables. Déjà il paraît que Bergeret, dévoré de la manie d'écrire, a laissé prendre son copie de lettres, où doivent se trouver d'étranges révélations tout à fait internationales. Les pires ennemis de la République et de la France seraient ceux qui feraient procéder à des exécutions sommaires. La justice nationale doit frapper à coups sûrs. Pas de hâte sauvage. La vie des détenus est un capital qu'il ne faut point gaspiller, car le plus misérable peut faire les révélations les plus accablantes. Tel assassin, que l'on expédierait lestement, tient peut-être dans ses mains un fil conducteur qui fera remonter jusqu'à Chislehurst et jusqu'à Berlin.

L'Assemblée nationale a voté l'urgence de la loi Eschasseriau. Elle a bien fait ; aucune loi ne pouvait être plus urgente que l'enquête sur les causes de cette insurrection néfaste. Mais dès lors la vie des prisonniers devait être sacrée. Comment veut-on que l'enquête soit satisfaisante, si l'on dérobe les éléments dont toute enquête se compose ? Un [des buts de l'incendie est sans doute de tout brouiller pour profiter de la confusion, afin de détruire la vérité accablante

« *Caveant consules.* »

C'est ainsi que l'infâme Bonaparte s'y est pris en juin 1848 pour cacher sa scélératesse. Les complices de l'insurrection ont répandu des histoires atroces. On a excité la fureur des boutiquiers, des pacifiques travailleurs ; on a déroulé devant l'opinion égarée une multitude de détails hideux ; on a procédé à des procès disjoints, mais on n'a point travaillé à mettre en évidence la vérité sombre que personne ne voulait voir en face. Au nom du ciel, les circonstances sont trop graves ! Du calme, non par humanité seulement, mais par grand intérêt national.

Les journaux ennemis de la France, que je lis avec indignation en ce moment même, me montrent clairement la voie sûre du salut. Ils exagèrent les actes commis par les troupes dans un moment de fureur blâmable, mais trop concevable. Un correspondant du *Times* s'écrie avec un air de satisfaction horrible, après avoir raconté l'arrestation d'un homme de bien qui parlait de miséricorde, de clémence : « Faites donc un peuple libre avec des éléments pareils. » Le *Daily News*, horrible auxiliaire des communards, affreusement calomniateur comme il l'a été dans toute la guerre, s'écrie hypocritement que des officiers de l'armée de Versailles ont demandé des prisonniers pour procéder à des expériences de vivisection. Toutes ces histoires horribles sont commentées et représentées par la presse allemande comme autant de preuves de notre dégradation, comme autant d'insultes nouvelles. Ne donnons point prise à nos infâmes rivaux; sachons montrer au monde un calme digne des grands peuples. Nous nous réhabilitons si nous savons supporter en vrais républicains ces horribles épreuves! Pour nous mettre à même de battre promptement la Prusse, il n'y a rien de plus sage que de remporter une première victoire sur nous-mêmes.

Du reste, il n'y a pas des incendiaires que dans le sein de la canaille. En mettant le feu au palais des Tuileries, le communard Bergeret n'a fait que copier imparfaitement Sardanapale, qui ne périt pas seulement avec ses femmes, son bûcher incendia toute sa capitale.

Il n'y a point de crime insurrectionnel dont les rois n'aient donné l'exemple sur une échelle plus grande encore. Il ne faut donc point reprocher à l'idée républicaine un crime qui est l'effet des passions humaines et que les plus parfaits despotes sont très-aptes à exécuter et à concevoir. Le palais des Tuileries ne le cédait guère en grandeur, en magnificence à celui de Ninive. Si Bonaparte l'eût cru nécessaire pour le salut de la dynastie, qui ose dire qu'il ne l'aurait point livré aux flammes! Peut-être aurait-il même eu le courage comme Sardanapale de monter sur le bûcher plutôt que de tomber entre les mains du vrai peuple vainqueur. On a même vu des empereurs assez scélérats pour brûler une ville afin d'assister à l'incendie du haut d'une tour en jouant de la guitare. Ce n'est pas tout, car ces empereurs incendiaires ne seraient point déshonorés à leurs yeux en imitant Néron jusqu'au bout, en faisant brûler les républicains comme incendiaires! La fête serait incomplète si l'on n'avait à Berlin des torches vivantes pour célébrer les fêtes de la paix! Il ne faut pas que la paix fumante manque au triomphe du nouveau César.

Les Catholiques et les Fenians.

—

Dans la séance du 25 mai dernier, sir Robert Peel proposa à la Chambre des communes de voter à la France une déclaration de sympathie, mais M. Gladstone, cet Ollivier réussi, libéral hypocrite qui a rendu tant de services à la cause de la Prusse, ne pouvait laisser passer cette délibération. Ce jésuite anglican s'insurgea contre l'idée que l'Angleterre allait sortir de la honteuse neutralité à laquelle il l'a condamnée. Il eut l'audace de prendre la parole pour demander à la Chambre de ne point suivre ce mouvement d'humanité, d'indignation, et cela sous prétexte que les malheurs de Paris avaient été sans doute exagérés. Ce bon M. Gladstone ne veut pas croire à tant de perversité de la part des amis de ses bons amis les Prussiens : les amis de nos amis sont nos amis... M. Gladstone, qui fut représentant de l'université d'Oxford avant que les électeurs libéraux aient eu le bon esprit de le mettre dehors, se pique de connaître l'histoire et surtout l'histoire de son pays. Aurait-il oublié le grand incendie de Londres dont nous parlions tout à l'heure? A-t-il oublié, ce grand ministre peureux, que pendant trois jours et trois nuits la flamme dévora maisons, édifices, églises, et qu'elle fit un monceau de ruines de tous les édifices privés et publics couvrant une surface de près de trois cents hectares? A-t-il oublié que la rumeur publique attribua cet incendie aux catholiques qui étaient, paraît-il, mécontents de Charles II. Car les fanatiques du papisme croyaient que c'était pour eux que les Stuarts avaient été restaurés. Ils s'indignaient de voir que Charles II gardât des mesures et ne se laissât point reconduire saintement en exil, comme le fit vingt ans plus tard Jacques II. Mais sans remonter à ces vieilles histoires, est-ce que M. Gladstone le Prussien a oublié déjà les aventures du théâtre de la Reine brûlé par les fenians il y a quatre ou cinq ans? Croit-il que les hommes qui n'ont point hésité à faire sauter la prison de Clerkenwell ont épargné Paris? Ne sait-il pas que sa police a recherché activement quelques-uns des chefs qui ont *illustré* l'insurrection parisienne et que le général Cluseret, avant d'être général des communards, avait débuté par commander des insurgés fenians? En quoi les hauts faits des communards surpassent-ils ceux que les fenians se promettaient d'exécuter? Les crimes agraires sont-ils plus hideux, moins croyables pour avoir été accomplis au sein d'une immense métropole dans les rues de Paris? Cette dureté de cœur ne portera point bonheur à M. Gladstone, et quoique la Chambre des lords se soit ajournée au 5 juin, je doute que le vœu repoussé par la Chambre basse soit aussi mal accueilli par la Chambre haute, car depuis quelque temps cette portion de la législature anglaise semble s'attacher à légitimer son existence en se montrant habile interprète des vrais sentiments patriotiques.

Une situation nouvelle est créée dans le monde politique par les immenses catastrophes de ces derniers mois. Les préjugés de caste et d'opinion doivent disparaître, car il s'agit du salut du monde. Les amis du progrès pacifique doivent se donner la main, pour éviter la coalition des ambitieux d'en haut et d'en bas, de Bis-

marck, de Napoléon et des écervelés, qui porteraient la
torche dans toutes les cités civilisées. Il ne faut pas que
la leçon de l'*auto-da-fé* de Paris soit perdue pour tout le
monde. M. Gladstone n'est point converti par ces horribles spectacles; il ne comprend pas l'éloquence de ces
flammes immenses. Tant pis pour M. Gladstone. L'Angleterre ne peut rester plus longtemps livrée à des eunu-
ques, sans cela la bataille de Dorking serait bientôt livrée
réellement sur les dunes près d'Hastings. Cette grande
défaite de la nation britannique ne serait pas seulement
un rêve d'un écrivain anonyme d'une des grandes revues
d'Édimbourg. Elle compléterait le naufrage universel des
libertés publiques.

La foire aux prétendants.

La révolution du 18 mars a appelé à Paris, de tous les
points du monde, une armée cosmopolite qui se dit républicaine. Il faut bien se donner un nom. Mais quel est
l'effet produit sur les populations démocratiques? Est-ce
que les ouvriers des grandes villes de France ont sérieusement essayé de se joindre au mouvement? A-t-on vu
les corporations ouvrières de Londres et de Bruxelles
s'agiter pour apporter leur concours aux révoltés? Est-ce
que tous les démocrates ont reconnu des frères dans ces
lutteurs insensés?... Non, les flammes de Paris n'ont
guères eu que le privilége de réveiller les ambitions monarchiques. On dirait que ce fanal sinistre a donné le

signal de l'ouverture de la foire aux prétendants. Chacun réclame l'honneur de sauver la France, que tous, sans sans doute, ont plus ou moins contribué à placer dans cette situation infâme. En effet, il faut bien le dire, le grand mouvement insurrectionnel eût été étouffé dans son début sauvage, si les partis qui dominaient à l'Assemblée de Versailles n'avaient renié Paris, n'avaient alarmé les sentiments libéraux républicains d'une ville blasée sur la matière de monarchies. Loin de nous la pensée de soulever inutilement des débats irritants, de rappeler des souvenirs sinistres. Mais ne faut-il pas faire son examen de conscience ?

Il est commode, comme le font les journaux anglais, de dénoncer avec emportement la lâcheté des gardes nationaux hostiles à l'émeute. Une majorité aveugle peut demander le désarmement de la milice civique, sous prétexte qu'elle a manqué à sa mission, qu'elle a été infidèle à la république. Mais quel est l'homme raisonnable qui se refusera de reconnaître que le gouvernement légal de la république a traité Paris avec une sorte d'ingratitude pour le moins irréfléchie? Qu'avait donc fait Paris pour être brusquement, brutalement déchu de son rang séculaire de capitale? Avait-il failli à ses devoirs vis-à-vis de la nation? Avait-il péché par défaut de courage et de patriotisme? Et est-ce sa faute ou la faute de la France si la famine l'avait obligée d'ouvrir ses portes à l'ennemi? Avait-il élevé des murmures quand on imposait à tous les plus durs sacrifices? Est-ce que Paris n'avait point réussi à conquérir au moins l'admiration du monde civilisé?... Il est vrai, la garde nationale de Paris n'avait pas pris les armes pour soutenir le trône de Napoléon III. Mais, en proclamant la déchéance, est-ce que Paris avait fait autre chose que de devancer le verdict de la nation? Quand un député de la brigade corse a osé poser la question, l'Assemblée nationale, par un vote enthousiaste, par un vote|unanime, a voté comme Paris l'avait fait, et, par conséquent, la garde nationale de septembre n'avait fait que de laisser passer la justice de la France. Avait-on le droit de reprocher à Paris d'avoir proclamé la république? Mais est-ce que la république n'était point le gouvernement de fait, le gouvernement de droit, du moment que l'empire disparaissait? La république revenait au monde aussi naturellement que le jour reparaît lorsque l'éclipse a cessé. Si Paris l'eût osé, s'il n'eût craint de trop préjuger l'avenir, il se fût borné à déclarer que la Constitution de 1848 reprenait force et vigueur, par suite de la disparution du pouvoir parjure créé dans la nuit du coup d'État. Peut-on blâmer Paris d'avoir dissous le Corps législatif? Mais pouvait-on conserver sans l'Empereur une Assemblée nommée sous l'influence impériale, peuplée de créatures de l'empire? N'était-ce point une injure à faire aux représentants eux-mêmes que de les garder, alors que le serment qu'ils avaient prêté pour se présenter aux électeurs était un sanglant outrage.

Dira-t-on que sans la révolution du 4 septembre la guerre désastreuse n'aurait point continué? Mais n'est-ce point le plus bel éloge que l'on puisse faire de Paris? car si cette guerre a été désastreuse, c'est qu'elle a été commencée dans des conditions horribles. C'est la faute de ceux qui l'ont déclarée et non de ceux qui l'ont subie.

L'Alsace et la Lorraine eussent été perdues par un traité signé après Sedan, et eussent été perdues pour toujours. En effet, nos frères d'Alsace et de Lorraine n'auraient pas pu, n'auraient pas dû nous pardonner une cession faite avant d'avoir épuisé tous les moyens humains de les arracher à l'invasion. La France, quoique surprise et trahie, n'aurait pu sans honte éternelle lâcher prise, à moins d'avoir brûlé ses dernières cartouches et perdu ses dernières armées. Nous commettions un acte sublime, mais pas le moins du monde un acte de folie sublime, car nous combattions pour sauver l'honneur. Qui ose dire que l'honneur n'ait point été sauvé? L'Assemblée, plus habile, plus enthousiaste, aurait dû déclarer que Paris avait bien mérité de la patrie. On s'est défié de Paris, et Paris, à son tour, s'est défié de l'Assemblée... Ah! si nos malheurs pouvaient mettre fin à ces horribles défiances! si, de part et d'autre, on reconnaissait des Français différant d'opinion, mais également dévoués à la patrie, tous nos maux seraient bien vite réparés!

Je n'entrerai pas dans de plus longs détails. Je ne ferai point l'énumération de toutes les fautes, fatales peut-être, qui ont conduit à la catastrophe, qui ont allumé les flammes de Paris. Mais je dois parler de cette résurrection des prétentions monarchiques dont on se croyait à jamais débarrassé.

Les amis sincères de l'ordre et de la liberté pensaient que le combat parlementaire ne se livrerait qu'à armes courtoises, entre gens admettant au moins le principe de la liberté parlementaire. On se disait : Si la république nous fait défaut, s'il est démontré que le peuple ne peut rester maître de ses destinées, si nous n'avons pas la force d'imiter l'Amérique, si nous ne pouvons nous régler sur l'organisation suisse, nous nous conformerons aux traditions britanniques ; nous prendrons exemple sur la Belgique ou sur l'Espagne. S'il faut avoir un roi, ce sera

un roi constitutionnel réel. S'il faut consigner notre souveraineté entre les mains d'une famille, ce sera une famille que nous élèverons nous-mêmes sur ce trône et qui
saura qu'elle ne fait après tout que de nous représenter.
Mais voilà que ce pis-aller nous échappe. Cette dernière
réserve nous fait défaut. La famille d'Orléans passe à
l'ennemi. Le comte de Chambord publie un manifeste
royaliste que Louis XIV aurait à peine désavoué. Je com-
prends les représentants légitimistes qui voudraient que
les princes fusionnés fussent présentés en bloc au peuple
devant la statue du grand roi. C'est, en effet, la monarchie féodale qui serait restaurée ! Nous aurions la
noblesse et le droit divin, moins la gloire, moins l'Alsace
et la Lorraine, avec l'indemnité à payer par-dessus le
marché.

Croit-on que ces lugubres circonstances ne soient point
de nature à alarmer tous les bons citoyens, à quelque
opinion qu'ils appartiennent? Que serait cette monarchie
qui viendrait derrière la torche des incendiaires, de ces
coupables incendiaires qui, eux-mêmes, marchaient derrière les fourgons étrangers?

Le droit divin, y pense-t-on? Quel moment pour le
restaurer, au moment où l'empereur d'Allemagne réta-
blit le droit de conquête, sans lequel le droit divin est
un non sens.

Il n'y a que la souveraineté populaire qui puisse nier
la légitimité du fait infâme et qui ait le droit de dire que
l'Alsace et la Lorraine sont nôtres, malgré tous les traités, par la puissance de la souveraineté des Alsaciens et
des Lorrains qui veulent rester Français. C'est par la
souveraineté nationale que nous vaincrons le droit féodal.
Tant que nous représenterons la souveraineté nationale,

nous serons plus forts que l'Allemagne. L'Allemagne traine son boulet, l'empire; la couronne de Guillaume est son bonnet vert.

Mais, dira-t-on, la souveraineté nationale a conduit au règne de Napoléon III. Ceci est vrai, en passant par décembre, et l'on sait comment le dernier plébiscite était conçu. Sans l'ambiguïté des phrases qui le composent, malgré la pression administrative, le plébiscite n'aurait point passé. Napoléon III représentait le peuple de France à peu près comme la Commune représentait le peuple de Paris. Nous avons vu que les communards, dans leurs procédés terroristes, avaient été des plagiaires des généraux prussiens. Ils n'ont pas été moins fidèles imitateurs de Napoléon III. On peut donc dire que, par leurs actes, ils ont très-bien manifesté leur double nature prussienne et bonapartiste. On a vu qu'ils ont adopté pour les votes des mesures calquées sur le coup d'État de décembre dans les départements les plus éprouvés. On a traité sans pudeur Paris, comme les préfets et les maires bonapartistes de la belle époque de l'empire avaient traité les petites bourgades. On a eu l'absence de candidatures, l'interdiction des réunions électorales, le manque de définition du mandat des élus, les vérifications de pouvoir scandaleuses, la suppression des journaux. Tout cela a été fait par des mains grossières qui n'étaient point habituées aux ménagements de la politique. Les chefs étaient des hommes plus exercés à manier le marteau que le gouvernement.

Les honnêtes, du reste, savaient bien que la révolution ne pourrait durer. Ils l'avaient fait pour empêcher une restauration chimtrique dont on avait eu l'habileté de leur faire peur. Il n'y avait chez eux nul projet d'avenir.

Ces malheureux n'avaient point l'ambition de durer. Ils savaient bien qu'ils n'y réussiraient en aucune façon. Les communards convaincus ne cherchaient qu'à empêcher toute dynastie de durer en France.

Les représentants qui entretiennent par faiblesse, par habitude, par peur de l'inconnu ces tristes espérances monarchiques devraient quitter pendant quelques jours leur étroit horizon de Versailles. Si les membres influents de la coalition royaliste se rendaient à Londres, je suis sûr qu'ils seraient frappés, comme le sont tous les Anglais, du spectacle offert au monde par les expectants royaux. Dans les environs de cette immense métropole, qui est devenue la capitale intellectuelle provisoire de l'univers entier, se trouvent deux demeures princières situées l'une et l'autre à une heure du chemin de fer de ceinture. L'une est baignée par les ondes calmes de la Tamise, qui a cessé d'être un fleuve, immense rivale de la mer. Cette demeure gracieuse est entourée de villas occupées par des princes. On dirait que les exilés vont fonder une colonie de prétendants et que dans les siècles futurs ils seront assez nombreux pour former une armée nombreuse exclusivement recrutée dans le sein de leur propre famille. Pourquoi ne vont-ils pas dans une île comme l'équipage du Bounty, là ils pourraient bientôt régner sans avoir besoin de perturber la France.

L'autre demeure royale est plus sombre, plus mystérieuse. La propriété est environnée de murailles ; elle se cache au milieu d'un jardin immense. C'est là que le vaincu de Sedan a établi son quartier général ; c'est là qu'on voit se rendre des hommes affairés à la mine sinistre. De là ils se rendent chez les banquiers, chez les marchands d'armes. Ils gagnent le continent par des

voies détournées. On les aperçoit haletant près des gares
de chemin de fer, attendant des messagers nocturnes qui
arrivent tout chargés de sanglants mystères. Tout cela se
sait, tout cela se dit, bien plus encore, se devine!

A Chislehurst on attise le feu qui dévore Paris. Il faut
que la France comprenne qu'elle a besoin d'un sauveur;
on ferait au besoin renverser la colonne Vendôme, afin
d'être chargé du soin de la rebâtir. C'est de l'homœopa-
thie appliquée à la grande politique! c'est le mépris de
tous les principes, l'imitation des grandes scélératesses
du moyen âge!

Mais dans la demeure plus tranquille de Twickenham
est-on moins coupable? Que faut-il dire de ceux qui
ont encouragé les résistances d'une assemblée jeune
encore à la vie politique, composée d'hommes écrasés
sous le poids de la responsabilité, et dont la plupart
étaient restés dans l'obscurité de la vie privée! Enivrer
les prolétaires, c'est un crime, mais aveugler les bour-
geois, c'en est un autre. Quoi! ces hommes prétendent
régner sur la France, et il n'est point sorti de leur
bouche une seule parole généreuse! Ils n'ont su poser
que leur candidature; ils se sont placés sur le seuil de
la patrie comme un défi à la république naissante. Il a
fallu la prière instante d'un homme qu'ils devaient res-
pecter pour les obliger à partir! Ils violaient ouvertement
la loi au moment où leur présence était exploitée par les
révoltés. Ils ont servis de complices par leur maladresse.
Il y a des cas où les maladroits sont aussi coupables que
des traîtres.

Un d'eux, il est vrai, a servi la France pendant la
guerre. Il a trompé la vigilance du gouvernement et a
pris le nom d'un de ses ancêtres pour conserver la

chance de verser son sang pour la France. Mais Robert le Fort a été moins bien servi par les destins que le fils de Capet, car il s'est enrôlé comme capitaine dans une armée chargée de couvrir Rouen. Cette campagne a été plus féconde en trahisons qu'en triomphes. Estancelin et Bryant resteront fameux dans l'histoire de nos désastres inexpliqués. Ce n'est point ainsi que des dynasties arrivent à conquérir la faveur populaire.

Il n'y a que deux journaux français quotidiens à Londres. L'un appartenant à Bonaparte, rédigé par un de ses agents frénétiques, ancien transporté de juin, approuve hautement la Commune. Rochefort trouve grâce devant Hugelman parce qu'il a proposé de raser la maison de M. Thiers. L'insurgé de juin, bonapartiste audacieux et logique, salue les héros du 18 mars. Le socialisme césarien verra encore de beaux jours. Est-ce que le prince Napoléon n'a point imprimé à Bruxelles, je crois, que le programme de la Commune était dans sa partie pratique le programme de l'empereur. L'autre journal, nommé l'*International,* appartenait autrefois à des agents bonapartistes. Plusieurs de ses rédacteurs ont suivi le bonapartisme dans son émigration à la *Situation.* Le nom même de cette feuille est un indice accusateur; car lorsqu'un ambassadeur de Bonaparte le tint sur les fonts de baptême, la société internationale, alors dans son enfance, était un des puissants moyens d'action de la police impériale. Quoi qu'il en soit, l'*International* est au parti monarchique ce que la *Situation* est au parti impérialiste. C'est dans les colonnes de l'*International* que nous devons lire ce que le clan de Claremont pense. Chaque jour l'*International* déchire le gouvernement de M. Thiers. Le ministère républicain est le *delenda Carthago* de ces monarchistes, pour qui les désastres de Paris sont une bonne fortune. Ils en sont innocents, car ce ne sont point leurs amis qui ont allumé le pétrole. Mais si leurs amis avaient voulu, la république aurait depuis longtemps fait cesser ces troubles qui agitent la France. Deux journaux se déchirant l'un l'autre et ne s'entendant que pour déchirer la France, voilà quelle est la presse française de Londres en présence d'une catastrophe inouïe. Heureusement les Anglais ne lisent guère ces feuilles, sans cela ils concevraient certainement une bien triste opinion de notre pauvre France.

Cette rivalité des deux grandes boutiques monarchiques a fait naître d'étranges concurrences. La monarchie a trouvé son Bertron à Londres. Il y a quelques jours, le *Morning Advertiser* annonçait qu'il avait reçu la profession de foi d'un personnage dont il dédaignait de dire le nom et qui se prétendait petit-fils de Louis XVI. Ce personnage se proposait pour sauver la France. Il disait qu'il se contenterait de la liste civile du roi des Belges. Au besoin il prendrait la même somme que M. Thiers. Ce nouveau prétendant démontrait par des pièces, dont l'*Advertiser* dédaignait de faire l'énumération, qu'il devait être considéré comme étant beaucoup plus légitime que le comte de Chambord. L'*Advertiser* faisait suivre cette révélation de remarques sarcastiques à l'adresse de la France !

Un des plus grands crimes de la Commune est d'avoir voulu escroquer le vote des habitants de Paris en les appelant au scrutin dans des circonstances qui excluaient toute liberté d'esprit, tout choix réel, toute idée d'opération sérieuse. C'est également ce que l'on reprochera à

de nouveaux plébiscites. Si j'étais royaliste, je voudrais
d'une monarchie honnête, j'aurais peur d'un roi qui esca-
laderait le pouvoir à l'aide d'une intrigue ourdie au milieu
des troubles. Aujourd'hui, personne ne doit songer qu'à
la France, qu'au moyen de la compléter, de lui rendre
ces provinces si françaises que la Prusse veut à tout prix
rendre allemandes !

Fonder un trône actuellement, se donner une dynastie,
c'est souscrire à l'aliénation de l'Alsace et de la Lorraine.
Ces deux provinces doivent être consultées. Les plus malheureuses, les plus opprimées, elles auraient droit à donner un vote d'honneur. Leur opinion patriotique serait
celle qui pèserait le plus dans la balance. Et la France,
ingrate, oublieuse, disposerait d'elle sans ces départements si intelligents. Nous sommes condamnés au provisoire, tant que l'Alsace et la Lorraine ne seront pas
redevenues françaises. Aussi, folle est la proposition de
M. Peyrat, qui demande de bonne foi que l'Assemblée se
prononce définitivement sur la forme républicaine. Je
défends à l'Assemblée de le faire. Son vote est nul de
plein droit. Si l'Alsace et la Lorraine le veulent, quand
elles nous seront rendues, je crie avec elles : *Vive l'Empereur !*

Toutes les tentatives seront vaines. Les sectaires té-
méraires, qu'ils appartiennent à la droite ou à la gauche,
se briseront contre ce *non possumus* patriotique, honnête.

La voie du salut a été tracée par Garibaldi et par
Cavour. Pourquoi Garibaldi a-t-il appelé Victor-Emmanuel le roi galant homme? Pourquoi a-t-il refusé de pro-
clamer la république, quand il se fut emparé de la ville
de Naples? Était-ce parce qu'il se sentait converti à l'opi-

nion monarchique? Était-ce parce qu'il doutait de l'excellence de la forme républicaine? Était-ce par ambition personnelle? La réponse à toutes ces questions est bien simple : c'est parce qu'il fallait que l'Italie fût, avant qu'on essayât de donner une organisation quelconque à la démocratie française! La France incomplète, tronquée, n'existe point. Il ne saurait donc y avoir de véritable Constitution française. Le châtiment de l'Assemblée, qui a hué le héros de Capréra, est d'être obligée de l'imiter en restant républicaine, comme lui, il restera royaliste par devoir national.

Le moment est bien mal choisi pour écrire de longues dissertations politiques. Mais il est impossible de ne point ajouter à ce qui précède quelques observations qui s'imposent d'elles-mêmes pour ainsi dire. Ce que nous devons chercher, c'est le moyen de nous mettre en état d'arracher à l'Allemagne sa proie palpitante. Est-ce d'établir une dynastie qui ne pourrait se maintenir sans une armée permanente? Nous avons vu ce que valent les armées permanentes dont grâce au ciel, par suite de ses victoires mêmes, la Prusse va se trouver fatalement embarrassée. Le prince de Bismarck a annoncé que les cadres de l'armée seraient dorénavant portés à 700,000 hommes. Laissons nos vainqueurs provisoires jouer aux soldats. Nous faisons des citoyens et nous ferons des braves. Imitons nos voisins de Suisse. Organisons des armes spéciales et une garde nationale sérieuse habituée à la discipline et aux grandes manœuvres. Débarrassée des éléments parasites qui l'avaient déshonorée, livrée à l'anarchie, la garde nationale reprendra le rôle civique que lui indiquent la raison et l'histoire véridique de notre nation; car les gardes nationaux de 1871, jouets des internationaux, étaient étrangers à Paris et surtout à la France. Les comités furibonds de l'hôtel de ville n'avaient pu trouver de Français pour les mettre à la tête de leurs hideuses phalanges. Les appeler gardes nationaux, c'était ajouter un nouveau mensonge à tant d'autres !

Peut-être faut-il que la décentralisation reçoive une forme pratique et que les anciennes provinces soient rétablies, de sorte que la France transformée ait moins à craindre d'un coup d'État, d'un coup de peuple, d'un conp de l'étranger, de l'envahissement de la capitale. Le prince de Bismarck vient de nous indiquer la marche à suivre. Dans un de ses derniers discours au Parlement fédéral, le chancelier de l'empire n'a point caché les obstacles qui s'opposent à la germanisation de l'Alsace-Lorraine. Il n'y a, dit-il, qu'un moyen de vaincre cette résistance, c'est de développer la vie provinciale. Du moment où ils commenceront à se rappeler qu'ils sont Alsaciens et Lorrains, les habitants de ces provinces cesseront de se rappeler qu'ils sont Français, et ils commenceront à se rappeler qu'ils sont Allemands. Paroles profondes qui ne doivent point avoir été prononcées inutilement par le cruel ennemi de notre nationalité française. Quand la nouvelle province aura été sérieusement constituée, il faut que la France soit prête à la recevoir. Il faut que l'on puisse dire le jour où l'Alsace-Lorraine nous reviendra : Il n'y a rien de changé; il n'y a qu'une province de plus dans le sein de la république française.

S'il était une considération quelconque qui fût de nature à diminuer l'horreur excitée par les événements de Paris, c'est de voir que cette grande ville n'a pas lutté pour défendre sa suprématie qui cependant était bien légitimement conquise. Pour la soulever contre le gouvernement légal les conspirateurs n'ont trouvé qu'un moyen, c'est de persuader à leurs dupes qu'ils combattaient pour assurer le triomphe des libertés provinciales. Le Paris brave et guerrier, qui a fourni non les fuyards de la Commune, mais les combattants vaillants, croyait hélas, conquérir l'indépendance locale à toutes les communes de France! Ce n'était pas l'ambition égoïste du Quirite c'était l'enthousiasme de l'apôtre égaré. L'Assemblée victorieuse sera forcée de faire ce que demandait le Paris honnête.

Le peuple a péché par entraînement! Ce n'est point contre lui, fut-il coupable, qu'on aurait le droit d'être inexorable. Quand tant d'innocents ont péri, on peut bien laisser vivre les pauvres égarés. La pitié, la miséricorde est une vertu qui a toujours conquis bien des cœurs. Jamais plus qu'aujourd'hui ces deux anges n'ont mérité de porter les couleurs françaises.

Si notre esprit se révolte avec tant de puissance, si notre cœur bondit, ce n'est point seulement à cause de l'atrocité du spectacle auquel nous assistons, c'est que nous étions assez simples pour croire que la nature humaine était définitivement guérie de ces violentes rages. Nous nous étions imaginés que le peuple ne pouvait s'enivrer comme Philippe de Macédoine. Hélas! nous étions victimes d'une sorte de mirage moral qui nous montrait l'homme de l'avenir comme voisin de notre âge imparfait. Nous nous sommes pris pour nos descendants lointains qui auront le droit de rougir de nos hontes, de nos misères, qui accuseront nos historiens d'exagération peut-être. Hélas! faut-il le dire? l'anthropophagie elle-même semble loin de s'éteindre! Un savant, qui a fait des recherches profondes sur cet ignoble, mais important sujet, nous cite le nom d'une tribu qui dans le courant du siècle s'est convertie à la pratique immonde. Le nombre des hommes qui n'ont jamais renoncé à la chair de leurs ennemis s'élève à près de deux millions encore ! Nos sociétés d'Europe sont à peine mieux partagées ; elles offrent la juxtaposition, le pêle-mêle de toutes les vertus et de tous les crimes, de toutes les sublimités et de toutes les horreurs.

Quel est le sombre préambule de nos agitations épouvantables ? N'est-ce point un grand crime, un grand criminel qui aurait figuré avec éclat parmi les héros communards ? Tropmann a écrit la préface à ces horribles tragédies dans lesquelles la France a joué, hélas ! le rôle de la famille Kinck.

Mais le peuple seul n'était point atteint de criminalité fébrile en ces temps sombres, car les Bonaparte n'ont point tardé à inscrire leur nom avant la Commune dans la série des causes célèbres. C'est en trébuchant sur un assassinat que l'empire a commencé à choir. Ne fallait-il point que l'horrible édifice fut couronné par une insurrection allant choisir le Père-Lachaise pour son dernier champ de bataille ? Le trône et le ruisseau, disons-le franchement, rivalisaient dans leurs débauches de scélératesse, et les chiffonniers avaient pris modèle sur leur prince, ils ne l'ont point surpassé.

Nous avons donc remué les sanglantes poussières de l'histoire, car il nous a semblé que le spectacle des événements sinistres auxquels l'humanité a assisté devait nous ramener à la triste réalité des choses. Puissions-nous avoir rencontré quelques enseignements austères de nature à calmer un peu les plus légitimes colères ! Les malheurs des générations futures doivent servir à atténuer nos douleurs. Telle est la justification de notre œuvre, œuvre entreprise dans des circonstances bien lugubres. Nous l'avons écrite avec une tristesse infinie, que nous n'avons point hésité à montrer naïvement; mais nous avons cru superflu d'insister sur nos espérances. On sent bien, en effet, que nous n'aurions pas eu le courage de l'entreprendre si nous n'avions vu luire quelques rayons précurseurs, peut-être d'un moins sombre avenir.

L'histoire en main, l'on peut prouver que la république est le gouvernement des peuples forts. Mauvais citoyens sont ceux qui veulent nous enlever la moindre ressource. Quand un soldat heureux nous aura rendu le Rhin, nous verrons si nous devons lui donner la couronne. C'est sur le dos des Allemands, quand l'heure sera venue, et non dans les antichambres de Versailles, que les candidats doivent faire leurs preuves! Nous ne devons reconnaître de droit divin que celui de la gloire. Mais nous devons espérer que ce futur héros préférera la gloire de *Cincinnatus* à celle de Bonaparte... Peut-être aussi l'Allemagne, instruite par notre expérience, se débarassera-t-elle de sa lèpre monarchique, prussienne et féodale. Les coquins de la commune ne sont pas plus des républicains que M. de Trestaillon n'était royaliste. C'étaient des voltigeurs de la guillotine.